FIRST
INTERLINEAR GERMAN
READER

By

Meno Spann

»»««

CHAPEL HILL

THE UNIVERSITY OF NORTH CAROLINA PRESS

1939

Copyright 1937 and 1939 by
THE UNIVERSITY OF NORTH CAROLINA PRESS

Publisher's Note

THE USE of bilingual, polyglot, and interlinear texts in language study has been customary from Babylonian tablets dating earlier than 2,000 B.C. to the present time when we have such sets as the Loeb Library, the Collection Guillaume Budé, the linguistic texts in the Sammlung Göschen, the Harrap Bilingual Series, the Toussaint-Langenscheidt instruction books, the Librairie Hachette classic series, and miscellaneous "jacks," "ponies," "trots," and literal translation series.

Generally, in beginners' classes, the use of such texts has been surreptitious. Teachers in the past have usually cultivated the view that the use of an interlinear text was a serious dereliction in ethics, that somehow it was morally reprehensible to learn a word or an idiom from a literal interlineation rather than from a dictionary or a word list in the back of a reader. It was imagined that the customary modes of language learning possessed a disciplinary value that could not be shared by any other mode. Here and there a few teachers realized that discipline was not, or rather, should not be the end of language teaching; further, that discipline was inseparable from any method, and that the test of the adequacy of the discipline embodied in any particular method was the success of the method.

This view has gained adherents until today the great majority of the best teachers welcome efforts to develop and test new methods. When the publishers of this text about ten years ago wrote to such men as E. Prokosch, William A. Nitze, B. Q. Morgan, R. H. Fife, C. H. Grandgent, and J. P. W. Crawford and suggested experimentation in the use of bilingual texts, they met with hearty encouragement. Since that time several teachers have collaborated in classroom experiments, and the author of the present text has been working for several years toward the method presented here.

PUBLISHER'S NOTE

One of the chief problems, if not the chief problem, in language learning is the learning of meanings. It is possible that meanings may be learned more quickly and may be remembered longer if acquired in a context than if puzzled out by reference to word lists or dictionaries. This volume, the first of a series, is prepared to enable teachers to test this possibility.

Heretofore it has been tacitly assumed that this possibility was not worthy of investigation, or perhaps it has been simply overlooked. In its extensive investigations conducted at great expense several years ago, The Modern Foreign Language Study did not include this problem.

In discussing with teachers the use of interlinear texts in classroom instruction we have heard numerous objections, prominent among them being the two mentioned above—the supposed failure of discipline if interlinear texts were used and the closely related "moral" objection; but most prominent has been the objection that the average student does not want to learn and the ability of the teacher to force him to learn would be decreased by the use of texts in this form. At the same time, it is usually admitted that the better students would be able to learn more rapidly. Let us suppose for a moment that it is the teacher's function to force linguistic knowledge upon students who do not want it. Is it not possible to take care of the need of the average student and at the same time develop methods that will enable the best students to do their best work? Is it not possible to develop methods which would profit from the use of interlineation, which would save time in dictionary thumbing and substitute the learning of words in a context for learning separately and in lists, and which, at the same time, would give the teacher easy ways to check on whether a student has studied his lesson? In this booklet certain methods of checking are used which have been developed over a period of years. Other methods are possible, and doubtless there may be some better than the ones used here.

If this text succeeds in calling attention to the problem of learning with the aid of interlinear or bilingual texts, and in getting either a positive or a negative solution of it, the purpose in publishing it will have been accomplished.

THE PUBLISHERS

CHAPEL HILL, N. C.
April 16, 1937

Note on the Use of this Book

EACH LESSON in this text with the exception of number ten on cognates is based on a German passage with literal English interlineation. In the exercises following the interlinear passage different approaches are made to deepen the student's Sprachgefühl and give him varied drill in retaining words, idioms and phrases of the lesson.

There is no chance whatever for the student to use the English interlineation merely as a crutch since the exercises, which in this book are an essential part and not an appendix of the lesson, cannot be done without a thorough study of the preceding German text.

This book is designed for *intensive* reading. It is recommended that the student begin by pronouncing the German text and then study phrase by phrase with the help of the interlineation. To check whether the German is sufficiently understood the student may cover the English with the edge of a sheet of paper.

When the student cannot read a passage in the German text that has no interlineation he should look up the word or passage in its meaningful context in the preceding part of the lesson. The vocabularies at the end of the book contain only words with principal parts. They should be studied only after the lesson is mastered.

German idioms are given in both literal and idiomatic English, the literal version being in parenthesis and the idiom below. The literal translation of an idiom may often serve as an aid to memory.

In order to give the student as nearly as possible the flavor of German modes of expression all words are translated except in those few instances where there is no English equivalent. Terms superfluous in English are included in brackets.

Where English needs two or more words to render one German word these words are hyphenated.

This booklet and one to follow it will provide sufficient reading and exercise material for the first year of German in college. This first reader can be used at the beginning. If reading and speaking abilities are stressed a very short grammar will suffice to supplement the book. If grammar is stressed, the booklets will provide suitable supplementary practice material.

Aufgabe eins
LESSON ONE

Wie man auf deutsch grüßt
How one in German greets

»»«««

Sie kennen schon das deutsche Wort Herr. Sie lesen es oft
you know already the German word Mr. you read it often

in der Zeitung. Sagen Sie jetzt laut: Guten Tag, Herr
in the newspaper say [you] now aloud good day Mr.

Niemeier. Sie müssen jeden Satz und auch jedes Wort
Niemeier you must every sentence and also every word

der fremden Sprache immer laut aussprechen.—Wer kommt
of-the foreign language always aloud (out-speak) who comes
                                           pronounce

dort? Dort kommt eine Frau. Wer ist sie? Sie ist Herrn
there there comes a woman who is she she is Mr.

Niemeiers Frau. Was müssen Sie jetzt sagen? Sie müssen
Niemeier's wife what must you now say you must

sagen: „Guten Tag, Frau Niemeier." Endlich ist es Abend.
say good day Mrs. Niemeier finally is it evening

Frau Niemeiers Tochter kommt nach Hause. Sie müssen
Mrs. Niemeier's daughter comes [to] home you must

das Mädchen auf deutsch grüssen. Sie sagen also höflich:
the girl in German greet You say therefore courteously

„Guten Abend, Fräulein Niemeier." Ein kluger Mensch
good evening Miss Niemeier a prudent man

ist immer höflich. Ein deutsches Sprichwort sagt: Mit dem
is always courteous a German proverb says with (the)
                                                            his

Hute in der Hand kommt man durch das ganze Land. Dies
hat in (the) hand (comes one) through the whole land this
               his   one gets

Sprichwort müssen Sie auswendig lernen. Wenn man eine
proverb must you (outwardly) learn when one a
                                   by-heart

fremde Sprache lernt, muss man viel auswendig lernen. Das
foreign language learns must one much by-heart learn that
hilft! Eine zweite gute Regel ist: Spielen Sie mit den
helps a second good rule is play [you] with the
Wörtern! Formen Sie neue Sätze! Vergessen Sie nicht,
words form [you] new sentences forget [you] not
täglich Deutsch zu sprechen. Wenn niemand Sie versteht,
daily German to speak When nobody you understands
sprechen Sie mit der Katze oder dem Hund. Vergessen
speak [you] with the cat or the dog forget
Sie nie: Übung macht den Meister.—Das ist alles.
[you] never practice makes the master that is all

Sie lesen die Zeitung. Herr Niemeier kommt mit dem Hute in der Hand, und Sie sagen: „Guten Abend, Herr Niemeier." Herr Niemeier sagt: „Sie sprechen Deutsch? Sie lesen eine deutsche Zeitung? Das muss ich meiner Frau und meiner Tochter sagen, wenn sie nach Hause kommen." Frau Niemeier kommt, und Sie sagen laut und höflich: „Guten Abend, Frau Niemeier." Herr Niemeier sagt: „Sprechen Sie täglich Deutsch! Wenn Sie täglich Deutsch sprechen, vergessen Sie die deutsche Sprache nie. Wenn man eine fremde Sprache lernt, muss man mit den Wörtern spielen, viel auswendig lernen und täglich üben. Wenn niemand Deutsch spricht, sprechen Sie mit dem Hunde und der Katze!" Das ist alles.

1. *Change the following statements to questions:*

EXAMPLE: Herr Niemeier versteht Deutsch.—Versteht Herr Niemeier Deutsch?

1. Sie lesen oft die Zeitung. 2. Herrn Niemeiers Tochter versteht Deutsch. 3. Das hilft. 4. Herrn Niemeiers Frau kommt nach Hause. 5. Dies Sprichwort ist gut. 6. Jeder Mensch kennt dies Sprichwort. 7. Sie müssen das Fräulein auf deutsch grüssen. 8. Das ist Herr Niemeier. 9. Herrn Niemeiers Katze kommt jeden Abend nach Hause.

2. *Rearrange the following words in sentences:*
EXAMPLE: Sie Herrn Niemeier kennen?—Kennen Sie Herrn Niemeier?

1. Wer Niemeier Herr ist? 2. Sie Sprichwörter lernen auswendig müssen. 3. Die oft Zeitung lesen Sie? 4. Der mit Hund der Katze spielt. 5. Guten Niemeier Tag Frau er höflich sagt. 6. Immer ein Mensch kluger ist höflich. 7. Grüssen Tochter Herrn Niemeiers Sie auf deutsch!

3. *Answer the following questions in German:*

1. Wer kommt dort? 2. Wer ist das? 3. Kennen Sie Herrn Niemeiers Tochter? 4. Ist ein kluger Mensch höflich? 5. Versteht Herrn Niemeiers Hund auch Deutsch? 6. Kommt die Katze oft nach Hause? 7. Lesen Sie täglich die Zeitung? 8. Hilft diese Regel? 9. Wer ist das Mädchen? 10. Ist das alles?

4. *Translate the following words and expressions:*

Hausherr, Abendzeitung, Morgenzeitung, Hausfrau, Fremdwort, unhöflich, Hausregel, Spielregel, Kartenspieler, Violinspieler, üben, meistern, Vergissmeinnicht, Neufundland.—Dieser Hund hat keinen (no) Herrn.—Wer ist der Herr?—Herr im Himmel (heaven), hilf uns!

Aufgabe zwei
LESSON TWO

Wir grüßen weiter
(We greet farther)
We continue greeting

»»«««

Sie kennen die Familie Niemeier ziemlich gut. Herr
you know the family Niemeier rather well Mr.

Niemeier wohnt in Ihrer Strasse. Ihm gehören drei
Niemeier lives on your street to-him belong three

Häuser in Ihrer Strasse, eine Garage und eine Tankstelle.
houses in your street a garage and a filling-station

Sein Sohn arbeitet in der Garage. Er ist ein geschickter
his son works in the garage he is a skillful

Mechaniker. Er hat mein Auto schon zweimal repariert,
mechanic he has my auto [already] twice repaired

und mein Motor ist jetzt wie neu. Schön, aber jetzt wissen
and my motor is now like new (beautiful) but now know
                                          very well

wir genug von der Familie Niemeier, nicht wahr?—Übrigens,
we enough of the family Niemeier, (not true) by-the-way
                                         don't-we

können Sie jetzt jeden Mann, jede Frau, jeden Jungen und
can you now every man every woman every boy and

jedes Mädchen auf deutsch grüssen? Nein, das können Sie
every girl in German greet no that can you

noch nicht. Warum nicht? Der Deutsche ist in Leben und
yet not why not the German is in life and

Sprache nicht so demokratisch wie der Amerikaner. Da
language not (so) democratic as the American there
          as

haben wir z.B. (zum Beispiel) den Hausarzt der Familie
have we e.g. (to-the example) the (house-physician) of-the family
                for example   family doctor

4

AUFGABE ZWEI

Niemeier. Dieser Herr hat einen akademischen Titel, den Doktortitel. Wenn Sie Dr. (Doktor) Boller auf der Strasse treffen, sagen Sie: „Guten Morgen, Herr Doktor, was machen die Kranken?" Dr. Boller antwortet dann vielleicht: „Danke, junger Mann, meinen Patienten geht es gut, denn ihr Arzt ist Dr. Boller." Jetzt können Sie auch die „grossen Tiere" grüssen. Sie sagen also: „Guten Abend, Herr Konsul." „Guten Tag, Herr Professor." „Gute Nacht, Herr Pastor." „Auf Wiedersehn, Herr Leutnant." Die Frau eines solchen Mannes ist Frau Konsul, Frau Professor usw. (und so weiter). Zu einer solchen Frau können Sie auch einfach „gnädige Frau" sagen. Im neuen Deutschland verschwinden aber solche Anreden wie „gnädige Frau" und „gnädiges Fräulein" mehr und mehr. Zum Schluss ein schönes Sprichwort: Des Herren Auge macht die Kühe fett.

Zur Übung grüssen Sie jetzt Ihre Familie. Sagen Sie: Guten Morgen, Tante; Guten Tag, Vater; Auf Wiedersehn,

Mutter; Gute Nacht, Grossvater; Wie geht es dir, Gross-
mother   good   night   grandfather   (how goes it you) grand-
                                       how are you
mutter?—Genug für heute.
mother   enough for to-day

In Herrn Niemeiers Garage arbeitet auch sein Sohn, ein geschickter Mechaniker. Er hat mein Auto repariert, und nun ist der Motor wie neu. Kennen Sie den Hausarzt der Familie Niemeier? Ja, ich kenne ihn ziemlich gut. Was macht übrigens die Frau Doktor? Das neue Deutschland ist ziemlich demokratisch. Die Titel „gnädige Frau" und „gnädiges Fräulein" verschwinden jetzt. Jetzt können Sie auch die „grossen Tiere" grüssen. Was sagen Sie aber zu einer Kuh auf deutsch?—

1. *Change the following statements to questions:*

1. Herr Professor Gerdel wohnt in dieser Strasse. 2. Herrn Niemeiers Sohn hat Ihr Auto repariert. 3. Der Konsul hat eine Frau. 4. Die Kühe sind fett. 5. Der Herr hat einen akademischen Titel. 6. Dieser Herr ist der Konsul von Mexiko. 7. Sie können das nicht. 8. Herr Niemeier arbeitet in seiner Garage. 9. Diese Tankstelle gehört Herrn Niemeiers Sohn. 10. Sie kennen seine Mutter.

2. *Rearrange the following words in sentences:*

1. Herrn Sohn arbeitet Niemeiers in der Garage. 2. Das jetzt ist Auto wie neu. 3. Ich den Pastor Herrn ziemlich kenne gut. 4. Zum Sie lernen Schluss ein Sprichwort schönes. 5. Dieser hat Mann akademischen einen Titel. 6. Seinen grüssen er Vater auf deutsch muss. 7. Unsre Ihrer in wohnt Strasse Grossmutter. 8. Herrn gehört Niemeier dies Haus. 9. Zur ich mit spreche Deutsch Übung Vater meinem. 10. Ihre spricht Deutsch Grossmutter?

3. *Correct the false statements in complete sentences:*

EXAMPLE: Zu einem Konsul sagt man Herr Pastor.—Zu einem Konsul sagt man Herr Konsul.

1. Herr Niemeier repariert eine Kuh in seiner Garage. 2. Herrn Niemeiers Sohn ist ein guter Pastor, er hilft seinem Vater in der Garage. 3. Zu der Frau eines Arztes sagt man Frau Konsul. 4. Eine kluge Katze ist immer höflich. 5. Mit dem Hunde in der Hand kommt man durch das ganze Land. 6. Guten Morgen, Herr Doktor. Was machen die Katzen? 7. Ein Hausarzt repariert die Autos der Familie. 8. Meine Grossmutter ist der Vater meiner Tante.

4. Words of Greek derivation like "democratic" are also very common in German. Compare carefully demo*c*ra*tic* with demo*k*rat*isch*, trop*ical* with trop*isch*.—Give the German form of: identical, polemical, antiseptic, epileptic, communistic, electrical, dynamic, static, hysterical, idealistic, classical, romantic, physical, philological, psychological, botanical, zoological.

Aufgabe drei
LESSON THREE

Die Farbe der Kuh
The   color of-the cow

»»««

Wie heisst das Sprichwort in der vorigen Aufgabe?—
(how is-called) the   proverb in the preceding lesson
what is
Richtig, Sie wissen es noch.—Was ist der Sinn dieses Sprich-
right you know it still   what is the (sense) of-this proverb
                                            meaning
wortes?—Fragen Sie mich nicht, was es bedeutet, das müssen
        ask [you] me not what it means that must
Sie selber finden. Ich erkläre es Ihnen nicht.—So, Kühe
you yourself find   I explain it to-you not   so cows
interessieren Sie nicht?—Das ist schade, das tut mir sehr
interest   you not   that is (damage) (that does me very
                                        too bad I am very sorry about
leid. Vielleicht fühlen Sie sich besser, wenn ich Ihnen eine
harm) perhaps feel you [yourself] better if I you   a
      that
kleine Geschichte erzähle.—Als ich fünf Jahre alt war, kam
small   story   tell   When I five years old was (came)
                                                        went
ich zum ersten Mal in meinem Leben aufs Land. Ich wohnte
I (to-the) first time in   my   life (on-the) country I   (lived
   for the   into-the   stayed
bei einem alten, lustigen Bauern. Eines Tages stand ich
at)   an   old   jolly   peasant one   day stood I
with
mit dem Finger im Munde auf dem Hofe und bewunderte
with (the) finger (in-the) mouth (on) the courtyard and   admired
          my   in my   in
eine dicke, weisse Kuh. Der Bauer sah mich und sagte:
a   (thick) white cow   the peasant saw me   and   said
    fat
„Kleiner, diese weisse Kuh gibt Milch. Weisst du aber, wer
little-one this white cow gives milk   know you however who
uns Käse gibt?—Nein, das wissen Kinder aus der Stadt
us cheese gives   no   that know children from the city

AUFGABE DREI

natürlich nicht. Also vergiss das nicht: Wenn eine Kuh weiss ist, gibt sie Milch. Wenn sie gelb ist, gibt sie Käse, und wenn sie schwarz ist, gibt sie Kaffee. Die schwarzweissen Kühe geben uns Milchkaffee und die braunen Butter." Ich armer kleiner Junge habe das alles geglaubt. Heute weiss ich, der böse Bauer hatte mich verspottet. Ja, der Mensch wird manchmal klüger, wenn er älter wird. Nun noch ein passendes Sprichwort, um diese Aufgabe zu beenden: Von einem Ochsen kann man nicht mehr erwarten als ein Stück Rindfleisch. Und ganz zum Schluss ein Kinderlied. Muh, Muh, So macht die Kuh. Sie gibt uns Milch und Butter, Wir geben ihr das Futter.

Weisst du, was das Sprichwort von dem Ochsen und dem Stück Rindfleisch bedeutet? Das musst du selber finden, ich erkläre es dir nicht.—Ich weiss, Kühe und Ochsen interessieren dich nicht. Du wohnst in der Stadt und nicht auf dem Lande. Hast du nie das Land bewundert? Wohnst du bei einem Bauern, wenn du auf dem Lande bist? Hast du die Geschichte von dem kleinen Jungen geglaubt?—Nein?—Das ist schade, das tut mir sehr leid.—Ich glaube, du kennst das Leben auf dem Lande nicht. Wir Stadtmenschen bewundern Bauern, die

AUFGABE DREI

Bauern bewundern uns Stadtmenschen. Jeder bewundert, was er nicht ist.

1. *Rearrange the following words in sentences:*

1. Was dieses bedeutet Sprichwort? 2. Finden müssen das Sie. 3. Kühe Sie nicht interessieren Sie sagen? 4. Sie die Geschichte kleine kennen. 5. Dies mir Sprichwort Spass macht. 6. Er Lande dem wohnt auf. 7. Wir bei wohnen einem Bauern alten. 8. Der Junge den hat Finger im kleine Mund. 9. Der hat alte Bauer drei Kühe und so hat er Milch immer viel und Käse. 10. Diese weisse Milch gibt viel Kuh.

2. *Correct the false statements in complete sentences:*

1. Schwarze Kühe geben uns Kaffee. 2. Aus Wasser macht man Käse. 3. Milch ist schwarz und Käse ist braun. 4. Fische schwimmen in Butter. 5. Der Ochse ist ein kleines Tier. 6. Ein Stück Rindfleisch ist besser als Kaviar. 7. Stadtmenschen wohnen auf dem Lande, Bauern wohnen in der Stadt.

3. *Answer the following questions in complete sentences:*

1. Hat Ihnen die Geschichte Spass gemacht? (me-mir) 2. Wo wohnt der kleine Junge? 3. Hat der kleine Junge die Geschichte des Bauers geglaubt? 4. Wer gibt uns Milch? 5. Haben Sie alle Sprichwörter auswendig gelernt? 6. Was bewunderte der kleine Junge? 7. Wie alt war der Junge in unserer Geschichte? 8. Was gibt uns die Kuh? 9. Was geben wir der Kuh?

4. *Translate the following compounds:*

Kuhhorn, Buttermilch, Ringfinger, Milchstrasse, Schweinefleisch, Kalbfleisch, Bedeutung, Klugheit, milchweiss, Landmann, Kindesalter, Erwartung, Landwohnung.

Aufgabe vier
LESSON FOUR

Ihr erster Tag in Deutschland
Your first day in Germany

»»«««

Sie fahren mit der „Europa" von Neu York nach Bremer-
you sail (with) the Europa from New York to Bremer-
on
haven, über den ganzen atlantischen Ozean. Trotz der bösen
haven across the entire Atlantic Ocean in-spite-of the bad
Stürme waren Sie nicht ein einziges Mal seekrank. Jetzt
storms were you not a single time seasick now
sind Sie in Bremerhaven. Es ist spät in der Nacht, und
are you in Bremerhaven it is late in the night and
Sie sind todmüde. Sie fahren mit dem Zug nach Bremen und
you are dead-tired you travel with the train to Bremen and
nun stehen Sie auf dem Bahnhofsplatz vor dem Bahnhof.
now stand you on the railroad-station-square before the railroad station
Ja, lieber Mann, hier spricht man von Montag bis Montag
yes (dear man) here speaks one from Monday until Monday
my good man
Deutsch. Versuchen Sie es nur, es wird schon gehen. Sie
German try [you] it only it will (already go) you
work all right
müssen jetzt eine Taxe nehmen. Der Fahrer fragt Sie:
must now a taxi take the driver asks you
„Wohin wollen Sie?" Sie schreiben mit einem Bleistift die
(whither want you) you write with a pencil the
where do you want to go
Adresse des Hotels „Vier Jahreszeiten" auf ein Stück Papier
address of-the hotel four seasons on a piece-of paper
und geben es dem Manne. Das ist besser so, denn Ihre
and give it to-the man that is better thus for your
Aussprache ist noch zu schlecht, und der Fahrer bringt Sie
pronunciation is still too (bad) and the driver brings you
poor

AUFGABE VIER

in das falsche Hotel, wenn er Sie missversteht.—Das Auto
(into)the wrong hotel if he you misunderstands the auto
to
hält vor dem richtigen Hotel. Im Hotel haben Sie die
stops before the right hotel in-the hotel have you the
folgende Unterhaltung: (Sie sprechen mit dem Besitzer des
following conversation you speak with the owner of-the
Hotels) *Sie:* „Haben Sie ein ruhiges Zimmer mit einem
hotel you have you a quiet room with one
Bett?" *Er:* „Ja, wir haben ein hübsches, kleines Zimmer
bed he yes we have a pretty little room
im zweiten Stock. Es liegt nach dem Garten und nicht
in-the second floor (it lies towards) the garden and not
it faces
nach der Strasse. Kommen Sie mit, ich zeige es Ihnen."
towards the street come [you] (with) I show it to-you
along
Sie: „Ist es nicht zu teuer? Ich bin zwar Amerikaner aber
you is it not too expensive I am to-be-sure American but
leider kein Millionär." *Er:* „Ha, ha, ha. Machen Sie sich
unfortunately no millionaire he ha ha ha (make [you] yourself
don't worry
keine Sorgen, das Zimmer ist billig, spottbillig." *Sie:*
no worries) the room is cheap (mock-cheap) you
dirt-cheap
„Wieviel kostet es?" *Er:* „RM* 2,50 (zwei Mark fünfzig)
how-much costs it he two (mark) fifty
marks
mit Frühstück und Bedienung. Sie haben fliessendes warmes
with breakfast and service you have (flowing) warm
running
und kaltes Wasser in Ihrem Zimmer. Das Badezimmer ist
and cold water in your room the bathroom is
am anderen Ende des Korridors." *Sie:* „Schön, ich nehme
at-the other end of-the corridor you (beautiful) I take
very well
das Zimmer. Wecken Sie mich bitte morgen früh um acht
the room wake [you] me please (tomorrow early) at eight
tomorrow morning
Uhr." Sie gehen zu Bett und schlafen wie ein Sack. Im
o'clock you go to bed and sleep like a (bag) (in-the)
log in your

* RM signifies Reichsmark (realm-mark), generally translated mark.

AUFGABE VIER

Traum sprechen Sie natürlich Deutsch. Am nächsten
dream speak you (naturally) German at-the next
  of course
Morgen weckt Sie das Zimmermädchen. Sie stehen auf,
morning wakes you the chamber-maid you (stand) up
  get
waschen sich oder nehmen ein Bad, rasieren sich und setzen
wash yourself or take a bath shave [yourself] and (set
  sit
sich an den Frühstückstisch. Zum Frühstück bekommen Sie
yourself) at the breakfast-table for-[the] breakfast get you
  down
zwei gekochte Eier, Brot, Butter, Leberwurst und eine Tasse
two boiled eggs bread butter liver-sausage and a cup-of
Kaffee. Während Sie frühstücken, lesen Sie die Zeitung,
coffee while you (breakfast) read you the paper
  have breakfast
eine deutsche Zeitung. Es ist schwer, Sie verstehen nicht
a German paper it is difficult you understand not
alles, der Kaffee wird kalt, aber es macht Ihnen Spass.
everything the coffee becomes cold but (it makes you fun)
  it is fun

Du fährst mit der „Europa" von Neu York nach Bremerhaven.
Du warst nie seekrank trotz der bösen Stürme. Jetzt bist du
todmüde. Dort ist dein Zug nach Bremen.
Jetzt steht der junge Amerikaner auf dem Bremer Bahnhofsplatz vor dem Bahnhof. Die Taxen fahren über den Platz, und
er sagt laut: „He, Taxe, holla, Taxe." Eine Taxe hält, und
er sagt dem Fahrer, wohin er will. Der Fahrer missversteht
ihn, und der junge Amerikaner muss die Adresse seines Hotels
mit einem Bleistift auf ein Stück Papier schreiben.
Jetzt spricht er mit dem Besitzer des Hotels „Vier Jahreszeiten". Er sagt: „Geben Sie mir ein ruhiges Zimmer mit
einem Bett." Der Hotelbesitzer zeigt ihm ein hübsches, kleines
Zimmer im zweiten Stock. Es liegt nach dem Garten, hat
fliessendes warmes und kaltes Wasser und ist billig. Das Zimmer kostet mit Bedienung und Frühstück RM 2,50. Das ist
spottbillig. Der junge Amerikaner ist müde. Er sagt: „Ich

AUFGABE VIER

gehe zu Bett, wecken Sie mich bitte morgen früh um acht Uhr." Er geht zu Bett und schläft wie ein Sack. Er hat einen bösen Traum. Seine Aussprache ist schlecht, der Fahrer kann nicht lesen und so bringt er ihn in das falsche Hotel. Das Hotel ist sehr teuer, das Zimmer kostet RM 25 (fünfundzwanzig Mark). Das Zimmermädchen weckt ihn. Er geht ans andere Ende des Korridors und nimmt ein Bad im Badezimmer. Er rasiert sich und setzt sich an den Frühstückstisch. Während er die Zeitung liest, werden der Kaffee und die gekochten Eier kalt. Es macht ihm Spass, eine deutsche Zeitung zu lesen.

1. *Rearrange the following words in sentences:*

1. Der Amerikaner mit junge dem nach Zug Bremen fährt. 2. Wir Hotel ins gehen „Vier Jahreszeiten". 3. Das kostet klein und ist Zimmer nicht viel. 4. Hat fliessendes mein Wasser warmes und kaltes Zimmer? 5. Das weckt jungen Uhr den Zimmermädchen Herrn um acht. 6. Ich zum Frühstück Tasse habe eine und Kaffee mit Leberwurst Brot und Butter. 7. Wir während frühstücken wir lesen die Zeitung. 8. Ich alles nicht verstehe in deutschen Zeitung einer. 9. Ich und kalt lese wird Kaffee der. 10. Es mir eine Spass macht deutsche zu Zeitung lesen.

2. *Correct the false statements in complete sentences:*

1. Die „Europa" fährt von Neu York nach Berlin. 2. Er gibt dem Fahrer der Taxe die Adresse einer Katze. 3. Er schreibt mit einem Stück Papier auf einen Bleistift. 4. Er sagt dem Hotelbesitzer: „Geben Sie mir ein lautes Zimmer mit vier Betten, geben Sie mir ein teures Zimmer!" 5. Das billige Zimmer kostet RM 25 mit Bedienung und Musik. 6. Zum Frühstück hatte er zwei Eimer, Brett mit Leberwurst und Kaffern. 7. Er macht sich keine Sorgen, seine Aussprache ist gut, er spricht Deutsch wie ein Berliner.

AUFGABE VIER 15

3. *Answer the following questions in complete sentences:*
1. Wohin fährt der junge Amerikaner? 2. Warum macht er sich Sorgen? 3. Wie kommt er ins Hotel? 4. Wieviele Zimmer will er haben? 5. In welchem Hotel wohnt er in Bremen? 6. Was muss ein modernes Hotelzimmer haben? 7. Wo ist das Badezimmer im Hotel „Vier Jahreszeiten"? 8. Wann weckt ihn das Zimmermädchen? 9. Schläft er gut in dem Hotelbett? 10. Was tut er bevor er frühstückt? 11. Was hat er zum Frühstück?

4. *Read aloud and translate:*

1.

Der Amerikaner fährt mit der „Europa" von Neu York nach Bremerhaven. In Bremen wohnt er in dem Hotel „Vier Jahreszeiten". Sein Zimmer liegt nach dem Garten. Es ist ein modernes Hotelzimmer und hat fliessendes warmes und kaltes Wasser. Der Amerikaner trinkt eine Tasse Kaffee und liest die Morgenzeitung. Er versteht nicht alles, aber es macht ihm Spass. Während er die Zeitung liest, wird der Kaffee kalt.

2.

Mit der „Europa" fährt der Amerikaner von Neu York nach Bremerhaven. In Bremen wohnt er in einem modernen Hotel mit fliessendem warmem und kaltem Wasser. Sein Hotel heißt „Vier

Jahreszeiten". Während er eine Tasse Kaffee trinkt, liest er die Zeitung. Er versteht nicht alles, aber es macht ihm Spaß.

3.

Sandsack, Wohnzimmer, Schlafzimmer, Kinderzimmer, ein Kanal ist eine Wasserstraße, Morgenrot, Milchsuppe, Rasierapparat, Waschwasser, Trinkwasser, blutwarm, eiskalt, Autobesitzer, Bademantel, Gartenhaus, Fleischwurst, Waschmaschine, Porzellantasse.

Aufgabe fünf
LESSON FIVE

Wie heißt er? **Wie sieht er aus?**
How is-called he   How looks he [out]

Was liest er?
What reads he

»»««

Wie heisst der junge Mann da, auf dem Stuhl am Fenster,
how is-called (the young man there) on the chair at-the window
               that young man
der so aufmerksam die Zeitung liest?—Er heisst Fred Wil-
who so attentively the paper reads he is-called Fred Williams.—Er scheint Amerikaner oder Engländer zu sein.
liams he seems American or Englishman to be
Woher kommt er? Er kommt aus Washington. Er hat
whence comes he he comes from Washington he has
dort einige Jahre an einer Universität studiert. Er ist erst
there several years at a university studied (he is) only
                                                            he has been
seit gestern in Deutschland. Er sieht gut aus, nicht wahr?
since yesterday in Germany he looks well [out] (not true)
                                                               does he not
—Ja, er ist gross und kräftig und hat breite Schultern.
yes he is tall and vigorous and has broad shoulders
Seine Hautfarbe ist gesund. Die Sommersonne hat sein
his skin-color is healthy the summer-sun has his
Gesicht gebräunt. Er hat wohl einen amerikanischen Anzug
face tanned he has (probably) an American suit
                                  I suppose
an?—Nein, aber ein Schneider mit amerikanischem Ge-
on no but a tailor with American

schmack hat diesen blauen Rock und die weissen Flanellhosen
taste has this blue coat and the white flannel-trousers
gemacht. Seine Schuhe und Strümpfe sehen deutsch aus,
made his shoes and stockings look German [out]
er hat sie wahrscheinlich in Deutschland gekauft. Wirklich,
he has them probably in Germany bought really
er ist ein netter Junge, aber er hat doch einen Fehler.—Was
he is a nice boy but he has nevertheless a fault (what what-
für einen Fehler hat er?—Er hat nicht genug Geld.—Na,
*for a) fault has he he has not enough money well
kind-of-a*
das ist nicht so schlimm. Wann muss er wieder nach den
that is not so bad when must-go he again to the
Vereinigten Staaten zurück?—Im Herbst muss er zurück,
United States back in-[the] fall must-go he back
um weiter zu studieren.—Welche Zeitung liest er? Es ist
in-order further to study which paper reads he it is
die Morgenzeitung. Der politische Teil interessiert ihn.
the morning-paper the political part interests him
Er liest einen Aufsatz, der den Kommunismus mit dem
he reads an essay which the communism with the
Nationalsozialismus vergleicht. Schliesslich liest er nur die
national-socialism compares finally reads he only the
Überschriften.—„Die Lage im Osten"—„Japan baut
*titles the situation in-the East Japan builds
(headlines)*
zwei neue Kriegsschiffe"—„Die Autostrasse zwischen Han-
two new warships the auto-road between Han-
nover und Göttingen ist fertig"—„Amerikanische Polizei
over and Göttingen is finished American police
erschiesst einen gefährlichen Banditen in Kalifornien"—
shoots-to-death a dangerous gangster in California
„Ein orientalischer König heiratet eine englische Millio-
an Oriental king marries an English million-
närin"—„Zwei Sportsleute sterben an den Folgen eines
airess two sportsmen die from the consequences of-an

AUFGABE FÜNF

Autounglücks"—Im Sportsteil liest er einen Artikel über
auto-accident   in-the sports-part reads he   an   article about
die olympischen Spiele in Berlin. „Dieser Jesse Owens kann
the Olympic   games in Berlin   this   Jesse Owens can
laufen", murmelt er, natürlich auf deutsch. Im Bücherteil
run   murmurs   he (naturally) in German   in-the (book-part)
*   of course   book section*
sieht er einen Buchtitel, der ihm gefällt: „Lampioon küsst
sees he a   book-title which him pleases   Lampioon kisses
Mädchen und kleine Birken" von Manfred Hausmann. Er
girls   and small   birches by Manfred Hausmann   he
möchte sich das Buch kaufen. Ausserdem braucht er einen
would-like-to [himself] the book buy   besides   needs he a
neuen Tennisschläger, Zahnpulver und einige Zahnbürsten.
new   (tennis-striker) tooth-powder and some   tooth-brushes
*   tennis racket*
Er schreibt die Adressen der Geschäfte in ein kleines Heft.
he writes the addresses of-the shops in a little note-book
Hoffentlich hat er nichts vergessen.—In Deutschland sagt
we-hope   has he nothing forgotten   in   Germany   says
man: Was man nicht im Kopf hat, muss man in den Beinen
one what one   not in-the head has must one   in the legs
haben.
have

Wie heisst der junge Mann da, im blauen Rock mit den weissen
Flanellhosen? Sein Gesicht ist gebräunt, er scheint Tennisspieler zu sein. Ich möchte wissen, woher er kommt. Sein
Anzug (suit) sieht amerikanisch aus. Wahrscheinlich ist er
Student. Was für ein Buch liest er?—Es ist Hausmanns
Buch „Lampioon küsst Mädchen und kleine Birken".—Der
junge Mann hat Geschmack.

Haben Sie heute schon die Zeitung gelesen?—Nein, was
steht in der Zeitung?—Japan baut neue Kriegsschiffe, ein
bekannter Staatsmann schreibt über die Lage des Kommunismus im Orient, die amerikanische Polizei erschiesst zwei
gefährliche Banditen in einer kalifornischen Tankstelle, ein

bekannter Sportsmann heiratet eine englische Millionärin, Max Schmeling boxt in Chicago, Jesse Owens läuft eine neue Rekordzeit usw.

Ich interessiere mich für diesen amerikanischen Studenten. Er ist ein netter Junge. Er hat nur einen schlimmen Fehler, er hat nicht genug Geld.—Im Herbst muss er nach Amerika zurück, um weiter zu studieren.

1. *Rearrange the following words in sentences:*

1. Sie einen Schneider Geschmack und guten haben. 2. Wie er ein aus Amerikaner sieht. 3. Er blauen weisse und Rock einen hat Flanellhosen an. 4. Diese gekauft Sie in Strümpfe haben Deutschland? 5. Die erschiesst Neu York gefährlichen einen Banditen Polizei in. 6. Wo Zahnpulver einige und ich Zahnbürsten kann kaufen? 7. Möchte diesen wissen ich wer hat Artikel geschrieben. 8. Er der ein in Geschäfte Adressen Heft schreibt die.

2. *Correct the wrong statements in complete sentences:*

1: Dein Anzug sieht gut aus, dein Schneider hat keinen Geschmack. 2. Er spielt in weissen Flanellstrümpfen Fussball. 3. Zu einem blauen Rock trägt (wears) man grüne Strümpfe und goldene Schuhe. 4. Die Kaffeetasse legt (lays) eine Zeitung neben das Zimmermädchen. 5. Für die Zähne kauft man einen Tennisschläger. 6. Die Japaner haben ihre Kriegsschiffe meistens (usually) im atlantischen Ozean.

3. *Answer the following questions in complete sentences:*

1. Was hatte der junge Amerikaner an? 2. Was für einen Schneider hatte er? 3. Wie sieht das Gesicht des Studenten aus? 4. Was liest er von Japan? 5. Wo liest er den Aufsatz über die olympischen Spiele? 6. Was muss Herr Williams kaufen? 7. Was schreibt er auf ein Stück Papier? 8. Wie heisst das Buch, das er kaufen möchte? 9. Was braucht man für die Zähne? 10. Wen heiratet der orientalische König?

4. Read aloud and translate:

1.

Dieser junge Mann heisst Fred Williams. Er ist amerikanischer Student. Er hat in Amerika Philologie und Literatur studiert. Er ist Tennisspieler. Die Sonne hat sein Gesicht gebräunt, er ist gross und kräftig.—Ich lese die Überschriften in der Zeitung.—

Die amerikanische Polizei erschiesst einen Banditen in Kalifornien.

—Ein orientalischer König heiratet eine englische Millionärin.—

Die Autostrasse zwischen Göttingen und Hannover ist fertig.—

Jesse Owens läuft einen neuen Weltrekord.

2.

Fred Williams ist ein junger amerikanischer Student. Er ist Tennisspieler, und das kann man sehen, denn die Sonne hat sein Gesicht gebräunt. Er hat drei Jahre in Washington Philologie und Literatur studiert. In Deutschland will er Deutsch lernen und reisen (travel).

3.

Nouns of agency are frequently formed by adding er to the stem of the verb and giving it Umlaut. Example: tanzen — to dance, der Tänzer — the man dancer, die Tänzerin — the woman dancer. Form nouns of: schreiben, kaufen, trinken, spielen, denken, schwimmen, geben, finden, sehen, besitzen, sprechen, laufen, waschen, arbeiten, lesen.

Aufgabe sechs
LESSON SIX

Sie fragen nach dem Weg
You   ask   about   the   way

»»«««

Wie lange sind Sie schon in Deutschland, Herr Williams? —
how long (are you already) in Germany Mr. Williams
     have you been

Seit einer Woche. — Ich habe in Aufgabe fünf gelesen, Sie
(since) a week   I have in lesson five read you
for

wollen schon alleine Einkäufe machen. Das ist tapfer von Ihnen.
want-to already alone (purchases make) that is brave of you
         go shopping

Sie sind jetzt auf der Straße unter den Leuten. Amerika ist weit
you are now on the street among the people America is far

weg von hier, aber machen Sie sich keine Sorgen, man wird Sie
away from here but (make [you] yourself no worries) one will you
     don't worry

verstehen, und Sie werden in kurzer Zeit Fortschritte machen.
understand and you will in short time (progresses) make
               progress

Wer schwimmen lernt, muß ins Wasser springen, und wer eine
he-who to swim learns must into-the water jump and he-who a

fremde Sprache lernt, muß unter die Leute gehen, die die Sprache
foreign language learns must among the people go who the language

sprechen. Außerdem: Von einem Streiche fällt keine Eiche. —
speak besides of one stroke falls no oak

Jetzt müssen Sie irgend einen Schutzmann nach dem Wege fragen.
now must you some [one] (protection-man) about the way ask
       policeman

Dort steht einer. Die Verkehrsampel ist grün. Sie können über die
there stands one. The traffic-lamp is green you can across the

Straße gehen. Sie fragen den Beamten: „Entschuldigung, können
street go you ask the official pardon can

Sie mir sagen, wie ich nach der Schillerstraße komme?" Der
you me tell how I to the Schiller street come the

22

AUFGABE SECHS

Mann in der Uniform antwortet höflich: „Gehen Sie immer
man in the uniform answers politely (go you always)
　　　　　　　　　　　　　　　　　　　　　　keep on going

geradeaus, bis Sie an die Straßenbahnschienen kommen. Dann
straight-ahead until you to the   streetcar-tracks   come   then

nehmen Sie die erste Querstraße rechts und dann die zweite links,
take   you the first cross street right and then the second left

das ist die Schillerstraße." Sie bedanken sich, und fünf Minuten
that is the Schiller street   you   thank [yourself] and five minutes

später sind Sie, wo Sie sein wollen. Sie finden das Sportgeschäft,
later are you where you be want-to   you find   the   sport-shop

treten in den Laden und sagen dem Fräulein, das Sie bedient:
step into the shop and say to-the miss who you waits on

„Ich möchte einen guten Tennisschläger haben, aber er darf
I should-like-to a   good (tennis-striker)   have   but it (may)
　　　　　　　　　　　　tennis-racket　　　　　　　　　　　　　must

nicht zu teuer sein. Geben Sie mir bitte auch einen Satz rote
not too expensive be give [you] me please also   a   set   red

Tennisbälle." Die Verkäuferin zeigt Ihnen mehrere Schläger. Sie
tennis-balls   the   sales-girl   shows you several rackets you

wählen einen und fragen: „Wieviel kostet dieser?" Der Preis
select   one   and ask   how-much costs this-one   the price

scheint Ihnen ein bißchen hoch, aber schließlich nehmen Sie den
seems to-you a   bit   high   but   finally   take   you the

Schläger doch. Sie sagen: „Ich möchte die Sachen nicht durch die
racket nevertheless you say I should-like-to the things not through the

ganze Stadt tragen. Seien Sie so gut und schicken Sie die Pakete
entire city carry   be [you] so good and send [you] the packages

in mein Hotel! Es ist das Hotel ‚Vier Jahreszeiten'." Von dem
(in) my hotel it is the hotel four   seasons   from the
to

Sportgeschäft wollen Sie mit dem Autobus nach dem Buchladen
sport-shop   want-to you with the   bus   to the   bookshop

fahren. Diesmal fragen Sie einen freundlichen, älteren Herrn:
ride   this-time ask you a   friendly   elderly gentleman

„Entschuldigung, wie komme ich von hier nach der Haltestelle des
pardon   how (come) I from here to the stopping-place of-the
　　　　　　　　　　get

Autobus siebzehn?" Der Herr zeichnet Ihnen mit vielen Erklärun-
bus   seventeen   the gentleman draws for-you with many explana-
gen eine kleine Stadtkarte auf einen Briefumschlag. Hoffentlich
tions a   little   city-map   on   a   letter-envelope   we-hope
haben Sie ihn verstanden. Zum Schluß ein unpassendes Sprichwort:
have you him understood (at-the end) an (unfitting)   proverb
                            in closing   inappropriate
Ein Narr fragt mehr als zehn Weise beantworten können.
 a   fool asks more than ten wise-men answer   can

Du willst nicht allein Einkäufe machen? — Das ist falsch. Du
mußt ins Wasser springen, wenn du schwimmen lernen willst, und
wer fremde Sprachen lernen will, muß unter die Leute im fremden
Lande gehen und sprechen. Mach' dir keine Sorgen! Du hast schon
in dieser Woche Fortschritte gemacht und kannst genug sprechen,
um Leute auf der Straße, oder besser den nächsten Schutzmann
nach dem Weg zu fragen. Geh' aber nicht über die Straße, wenn
die Ampel rot ist. Hoffentlich findest du deinen Weg bis zur
Schillerstraße. Wenn du aus dem Hause kommst, gehst du links
immer geradeaus, bis du an die Straßenbahnschienen kommst.
Dann nimmst du die erste Querstraße rechts. Hier kannst du
Autobus Linie sieben oder neunzehn nehmen. Sage in dem
Sportgeschäft, daß der Tennisschläger nicht zu teuer sein darf,
und daß du einen Satz rote Tennisbälle willst. Das Geschäft wird
die Sachen in dein Hotel schicken, wenn du ihnen die Hoteladresse
gibst. Viel Glück!

1. *Rearrange the following words in sentences:*

1. Ich alles vergessen habe was man hat gesagt. 2. Sie erst
sind drei Tage in Deutschland. 3. Er Einkäufe schon kann machen
alleine. 4. Ich nicht finden die Haltestelle der kann Straßenbahn.
5. Wie nach dem komme ich Schillertheater Entschuldigung.
6. Wenn ist grün Verkehrsampel die Sie können über die gehen
Straße. 7. Ich nach muß fragen Weg Schutzmann einen dem.

2. *Correct the false statements in complete sentences:*

1. Wer schwimmen lernt, muß unter die Leute gehen. 2. Wenn
man jeden Tag studiert, macht man keine Fortschritte. 3. Wenn
Sie Ihren Weg nicht finden, müssen Sie nach dem Wasser fragen.
4. Zu einem Schutzmann sagt man: „Du Ochse in Uniform, wie

komme ich nach dem Sommer?" 5. Der Verkehrsschutzmann arbeitet im Hotel. 6. Wenn die Verkehrsampel rot ist, können wir über die Straßen gehen. 7. Ein kluger Mensch kauft keine Bücher. 8. Wenn man kein Geld hat, kauft man sich teure Sachen. 9. In einem deutschen Autobus finden wir eine Landkarte von Italien.

3. *Answer the following questions in complete sentences:*

1. Wo ist der junge Amerikaner jetzt? 2. Wohin will er? 3. Was macht er, wenn er seinen Weg nicht findet? 4. Was muß man tun, wenn man schwimmen lernt? 5. Was muß man tun, wenn man fremde Sprachen lernt? 6. Was macht das Sportgeschäft mit den Sachen, die der junge Student gekauft hat? 7. Was tat der alte Herr, den der Amerikaner nach dem Wege fragte? 8. Was kauft der Student in dem Sportgeschäft?

4. *Translate the following:*

Milchgeschäft, Fleischerladen, Eichentisch, Todesstreich, Geldsorgen, Tennisspieler, Handball, Medizinball, Briefträger, Fußball.

Aufgabe sieben
LESSON SEVEN

Essen und Trinken hält Leib
Eating and drinking holds body
und Seele zusammen
and soul together

»»«««

Sie sind mit Ihren Einkäufen fertig. Es ist ein heißer
(you are with your purchases finished) it is a hot
you have finished shopping
Sommertag, der Asphalt glüht, und Sie sind durstig, hungrig
summer-day the asphalt glows and you are thirsty hungry
und müde. Da sehen Sie auf der anderen Seite der Straße ein
and tired then see you on the other side of-the street a
Gartenwirtshaus. Es heißt „Zum Goldenen Stier". Bei dem
garden-restaurant it is-called (to-the golden bull) in the
                                  the golden bull
heißen Wetter sitzen Sie gern im Freien unter Bäumen. Bald
hot weather (sit you gladly) (in-the free) under trees soon
              you like to sit in the open
finden Sie einen Tisch, der im Schatten einer Linde gedeckt ist.
find you a table which in-the shade of-a linden-tree (covered) is
                                                        set
Das Plätzchen gefällt Ihnen, Sie setzen sich vor Ihren leeren
the little-place pleases you you (set yourself) before your empty
                                       sit down
Teller, spielen mit Messer und Gabel und warten auf den Kellner.
plate play with knife and fork and wait for the waiter
Der kommt sofort und fragt nach Ihren Wünschen. Sie bestellen
he comes at-once and asks about your wishes you order
erst einmal einen kühlen Trunk, denn Sie sterben vor Durst.
first [once] a cool drink for you (die) from thirst
                                                                     are-dying
Dann bitten Sie den Kellner um die Speisekarte. Sie studieren die
then ask you the waiter for the (food-card) you study the
                                                    menu
Speisekarte und entdecken auf der ersten Seite einen alten Spruch:
(food-card) and discover on the first page an old adage
menu

AUFGABE SIEBEN

Hunger ist der beste Koch; unser Koch ist der zweitbeste. —
hunger is the best cook our cook is the second-best

Darunter steht noch ein passendes Sprüchlein: Borgen, das bringt
thereunder stands (still a) fitting little-adage lending [that] brings
another

doppelt Pech: Geld und Kunden bleiben weg. — Sie bestellen
double (pitch) money and customers stay away you order
hard-luck

sich ein reichliches Mittagessen. Als ersten Gang essen Sie eine
[yourself] a plentiful noonday-meal as first course eat you a

Suppe mit Gemüse und Eierklößen. Das schmeckt. Nun haben
soup with vegetable and egg-dumplings that tastes-good now have

Sie Appetit auf Ihren Fischgang. Sie essen gekochten Karpfen mit
you appetite for your fish-course you eat boiled carp with

Buttertunke. Danach kommt der Hauptgang: Kalbsbraten mit
butter-sauce after-that comes the main-course veal-roast with

Spargel und Kartoffeln. Zum Nachtisch essen Sie Erdbeeren mit
asparagus and potatoes for-[the] dessert eat you (earth-berries) with
strawberries

Schlagsahne. Guten Appetit haben Sie, aber essen Sie nicht so
whipped-cream good appetite have you but eat [you] not so

rasch, sonst verderben Sie sich den Magen. Nach dem Essen
fast otherwise spoil you [yourself] the stomach after the eating

erinnern Sie sich daran, daß Ihre Schwester in den Vereinigten
(remind you yourself) [of-it] that your sister in the United
you remember

Staaten bald Geburtstag hat. Sie haben Ihre jüngere Schwester
States soon birthday has you (have) your younger sister
love

sehr lieb. Schreiben Sie ihr sofort einen Brief. Es sind bloß
very (dear) write [you] her at-once a letter it is only
much

noch zwei Wochen bis zu ihrem Geburtstag. Beeilen Sie sich!
[still] two weeks until [to] her birthday hurry [you yourself]

Sie dürfen keine Zeit verlieren. — Sie rufen den Kellner. Der
you (may) no time lose you call the waiter the
must

Kellner bringt Ihnen Briefpapier, Feder und Tinte. Sie schreiben
waiter brings you letter-paper pen and ink you write

einen schönen, langen Brief an Ihre Schwester, worin Sie ihr
a beautiful long letter to your sister wherein you her

AUFGABE SIEBEN

alles erzählen, was Sie schon in Deutschland erlebt haben. Den Brief stecken Sie in einen Briefumschlag. Dann bringt Ihnen der Ober eine Briefmarke zu fünfundzwanzig Pfennig. Der nette Ober wird den Brief auch in den Briefkasten werfen. Schließlich sind Sie mit allem fertig und sagen: „Ober, zahlen!" Vergessen Sie nicht, dem Manne ein gutes Trinkgeld zu geben. Wenn Sie nicht genug Geld bei sich haben, kann ich Ihnen etwas borgen. Sie können es mir Sonnabend wiedergeben. — Sie wissen nicht, was Sie heute nachmittag tun wollen? Machen wir einen kleinen Spaziergang durch die Stadt, und während des Spaziergangs erzähle ich Ihnen etwas von den Eßgewohnheiten der Deutschen. Hören Sie zu?

Ihre Einkäufe haben Sie hungrig gemacht. Es ist heiß, der Asphalt glüht in der Sommersonne, und Sie sterben vor Durst. Gehen wir also in ein Restaurant! Ich kenne ein gutes Gartenrestaurant. Es heißt „Zum Goldenen Stier". Das Essen ist dort sehr gut, und außerdem ist im Freien unter den Bäumen gedeckt, wo es kühl ist. Ich habe besseren Appetit, wenn ich im Freien essen kann.

So, jetzt sind wir da. Setzen wir uns unter diese schöne alte Linde. Hier bringt der Ober uns die Speisekarte. Bestellen Sie bitte für mich ein Bier. Ich trinke dunkles Bier viel lieber als helles. Was für ein Spruch ist das da auf der Speisekarte? Der Mensch

ist, was er ißt. — Können Sie die Speisekarte lesen? Bestellen Sie sich, was Sie essen möchten.
Hat Ihre Schwester nicht in zwei Wochen Geburtstag? Sie haben Ihre Schwester sehr lieb, nicht wahr? Rufen Sie den Ober, er wird Ihnen alles bringen, was Sie zum Schreiben brauchen. Sie dürfen keine Zeit verlieren. — Können Sie mir zehn Mark borgen? Ich gebe Ihnen das Geld Sonnabend wieder. Danke, das ist sehr freundlich von Ihnen. — Ober, zahlen!

1. *Rearrange the following words in sentences:*

1. Spruch einen auf der ich Speisekarte sehe. 2. Es im Freien ist gedeckt Sie finden Plätzchen schattiges ein den unter Bäumen können. 3. Nach dem müssen Sie Essen an schreiben Ihre Schwester. 4. Ich bestelle Fischgang Erdbeeren und Kalbsbraten mit Schlagsahne einen mit Gemüse. 5. Ein kostet nach Brief Amerika Pfennig in fünfundzwanzig Deutschland. 6. Spaziergang durch einen kleinen wollen Sie heute die nachmittag Stadt machen mit mir? 7. Schreiben müssen Schwester Sie Ihrer zum Geburtstag. 8. Wenn fragt Sie Ihren Ober nach Wünschen der bestellen auch Sie mich für ein Bier. 9. Wenn sind Trinkgeld ein dem geben Sie Ober Sie mit Essen fertig.

2. *Correct the false statements in complete sentences:*

1. Das Leben ist lang, man darf immer Zeit verlieren. 2. Der Mensch hat eine Seele aber keinen Leib. 3. Wenn man durstig ist, will man salziges Fleisch essen. 4. Wenn man hungrig ist, studiert man die Landkarte und geht zu Bett. 5. Mit Kalbsbraten ißt man Schlagsahne. 6. Ein Brief nach Deutschland kostet nichts in Amerika. 7. In Amerika steckt man den Brief in den Ozean. 8. Wenn der Ober freundlich ist, gibt man ihm eine große Kartoffel.

3. *Answer the following questions in complete sentences:*

1. Wo ißt der Student? 2. Was braucht man zum Essen? 3. Wonach fragt der Ober? 4. Worum bittet der Gast? 5. Was braucht man, wenn man einen Brief schreibt? 6. Was stand auf der Speisekarte, die der Student las? 7. Warum muß der Student einen Brief schreiben? 8. Wieviel kostet ein Brief nach den Vereinigten Staaten in Deutschland? 9. Was tut man im Wirtshaus, wenn man mit Essen fertig ist?

AUFGABE SIEBEN

4. The infinitive of a German verb can be used as a noun with the neuter article.

EXAMPLE: schwimmen — to swim; das Schwimmen — the swimming. Translate:

1. Das Reparieren des Autos kostet fünfundzwanzig Mark. 2. Geben ist seliger (more blessed) als Nehmen. 3. Wandern ist ein deutscher Sport. 4. Das Essen war gut. 5. Vieles Sitzen ist nicht gut für junge Menschen.

Aufgabe acht
LESSON EIGHT

Die deutsche Küche
The German (kitchen)
cooking

»»«««

Man hört im Ausland viel Unsinn über die deutsche Küche.
one hears (in-the out-land) much nonsense about [the] German (kitchen)
     abroad   cooking
Der Deutsche ißt wirklich auch andere Dinge als Sauerkraut mit
the German eats really also other things than sauerkraut with
Schweinsfüßen. Eins aber ist wahr: Der Deutsche ißt öfter
(pigs-feet) one-thing how- is true the German eats more-
pigs-knuckles   ever   often
als der Amerikaner, und er ißt schwerere Speisen. Das Mittagessen
than the American and he eats (heavier) (foods) the (noon-eating)
                                      richer food   lunch
ist in Deutschland gewöhnlich die Hauptmahlzeit und nicht das
is in Germany usually the main-meal and not the
Abendessen. Zwischen zwölf und zwei Uhr ißt man zu Mittag. Um
(evening-eating) between twelve and two o'clock eats one (at noon) at
supper   lunch
sieben oder acht Uhr ißt man zu Abend. Das Frühstück folgt dem
seven or eight o'clock eats one (at evening) the breakfast follows the
                                    supper
Aufstehen und der Morgenwäsche. Faule Leute essen erst und
getting-up and the morning-wash lazy people eat first and
waschen sich später. Wer früh aufsteht und spät zu Mittag
wash themselves later who early gets-up and late at noon
ißt, nimmt ein zweites Frühstück mit zur Arbeit. — Nun zu den
eats takes a second breakfast (with) to-[the] work now to the
                                  along
Unterschieden in der Ernährung. Das deutsche Brot ist fester als
differences in [the] nourishment the German bread is firmer than
das amerikanische. Die Hauptbrotarten sind Weißbrot oder
the American the main-bread-kinds are white-bread or
Weizenbrot und Schwarzbrot oder Roggenbrot. Diese Brote
wheat-bread and black-bread or rye-bread these breads

31

AUFGABE ACHT

schneidet man in Scheiben, schmiert Butter auf die Scheiben und
cuts one in slices smears butter on the slices and

belegt diese Butterbrote mit Wurst, Schinken oder Käse. Das
lays-on these buttered bread-slices with sausage ham or cheese the

Ganze nennt man „belegtes Brot" oder, wenn es ein Brötchen
whole calls one belegtes Brot or when it a (little bread) roll

ist, „belegtes Brötchen". Die deutschen Würste und Schinken
is belegtes Brötchen the German sausages and hams

sind weltberühmt. Der westfälische Schinken war schon zur Zeit
are world-famous the Westphalian ham was already at-the time

der Römer ein deutscher Exportartikel. Gehen Sie einmal in einer
of-the Romans a German export-article go [you] once in a

größeren amerikanischen Stadt in ein deutsches Delikatessengeschäft
larger American town in a German delicatessen-shop

und kaufen Sie sich eine Braunschweiger Leberwurst und eine
and buy [you] yourself a Brunswick liver-sausage and a

Thüringer Blutwurst. Essen Sie die Wurst mit süßer, d. h.
Thuringian blood-sausage eat [you] the sausage with sweet i.e.

(das heißt) ungesalzener Butter und trinken Sie ein Glas helles
(that is-called) unsalted butter and drink [you] a glass light

oder dunkles Bier dazu, und Ihr Magen wird Deutsch verstehen.
or dark beer with-it and your stomach will German understand

— Um vier Uhr nachmittags trinkt man in manchen deutschen
at four o'clock in-the-afternoon drinks one in some German

Familien Kaffee und ißt dazu etwas Kuchen oder Plätzchen. —
families coffee and eats with-it some cake or cookies

Hummer und Austern sind in Deutschland viel teurer als in den
lobster and oysters are in Germany much more-expensive than in the

Staaten, aber die deutschen Flüsse sind klar und darum reich
States but the German rivers are clear and therefore rich

an Fischen wie Forelle und Aal z. B. (zum Beispiel). In den
in fish as trout and eel (to-the-example) in the for instance

vielen Seen und Teichen gibt es Karpfen, die man besonders zu
many lakes and ponds (gives it) carps which one especially at there-are

Weihnachten ißt. Zu Weihnachten kriegt man auch Wild wie Hasen,
Christmas eats at Christmas gets one also game as hares

AUFGABE ACHT

Rehe und zahmes Geflügel, hauptsächlich Gänse. Während der
roe and tame fowls chiefly geese during the

Jagdzeit kann man aber in jedem besseren Wirtshaus Rehbraten
hunting-season can one however in every better inn venison

essen. Eine deutsche Eigentümlichkeit sind kalte süße Obstsuppen
eat a German peculiarity are cold sweet fruit-soups

im Sommer. Hoffentlich behalten Sie Ihren Appetit, wenn Sie
in-the summer we-hope keep you your appetite if you

wieder etwas auswendig lernen müssen, aber einen guten Appetit
again something by-heart learn must but a good appetite

kann nichts verderben: Wir essen, um zu leben; wir leben nicht,
can nothing spoil we eat in-order to live we live not

um zu essen. — Zeig mir, wie du ißt, und ich sage dir, wer du
in-order to eat show me how you eat and I tell you who you

bist. — Trink und iß, Gott nicht vergiß. — Wenn die Maus
are drink and eat God not forget when the mouse

satt ist, schmeckt das Mehl bitter. — Eine gut gebratene Gans ist
full is tastes the flour bitter a well (fried) goose is
                                                                                   roasted

eine gute Gabe Gottes.
a good gift of-God

Sie sind in einem deutschen Delikatessengeschäft, und die Frau des Besitzers fragt Sie, was Sie wollen. S i e : Ich möchte zwei Pfund (pound) Thüringer Blutwurst, ein Pfund Braunschweiger Leberwurst, ein Schwarzbrot, ein Pfund westfälischen Schinken, ein Pfund süße Butter und ein Pfund Plätzchen. F r a u : Sie scheinen guten Appetit zu haben. Gefällt Ihnen die deutsche Küche? S i e : Meine Großmutter war Deutsche, und meine Mutter kennt die deutsche Küche. Wir essen z. B. süße Obstsuppen im Sommer und Gänsebraten zu Weihnachten. F r a u : Sagen Sie Ihrer Mutter, ich bekomme bald Karpfen. — Was tun Sie mit der Wurst, die Sie in unserem Geschäft kaufen? S i e : Aber liebe Frau! Die Wurst esse ich natürlich. — Wenn ich zur Universität gehe, nehme ich ein zweites Frühstück mit, denn unsere Familie ißt sehr spät zu Mittag, und ich will nicht vor Hunger sterben. — Gibt es in Deutschland auch Hummer und Austern? F r a u : Ja, aber sie sind viel teurer als hier. Aber die deutschen Flüsse sind klar und darum reich an Fischen. Fische können Sie in Deutschland billig kriegen.

AUFGABE ACHT

1. *Rearrange the following words in sentences:*

1. Zwei heute wir essen Uhr um zu Mittag. 2. In Familie unserer man immer ißt Kuchen etwas um Uhr und trinkt vier Kaffee nachmittags. 3. Wollen Sie haben zu Ihrem belegten ein oder eine Brot Milch Glas Tasse Kakao. 4. Er immer in kauft diesem Delikatessengeschäft Geflügel Weihnachten zu. 5. Heute wir gekochte zu essen Mittag Forelle. 6. Klar Wasser in ist Seen und Teichen deutschen das und so man ißt in Deutschland Süßwasserfische viele. 7. Was man zu ißt in Weihnachten eurer Familie?

2. *Correct the wrong statements in complete sentences:*

1. Der Deutsche ißt nicht so oft wie der Amerikaner und nicht so schwere Speisen. 2. Zur Zeit der Römer exportierten die jungen Deutschen in Westfalen ihren bekannten Wein. 3. Zum zweiten Frühstück ißt man Rehbraten und trinkt Wein. 4. Trinken Sie ein Butterbrot und essen Sie ein Glas Bier, wenn Sie satt und durstig sind. 5. Zu Weihnachten ißt man süße kalte Obstsuppe. 6. Austern und Hummer sind billig in Deutschland, aber Flußfische sind sehr teuer, denn es gibt nicht viele Fische in den deutschen Flüssen.

3. *Answer the following questions:*

1. Wann ißt man in den Staaten zu Mittag? 2. Ist das Mittagessen oder das Abendessen die Hauptmahlzeit in Deutschland? 3. Was kann man in einem Delikatessengeschäft kaufen? 4. Was ißt man in Deutschland zu Weihnachten? 5. Welche schöne Sache gibt es in Westfalen? 6. Was für Wild kann man in Deutschland essen? 7. Welche deutschen Süßwasserfische kennen Sie? 8. Warum gibt es in Deutschland so viele Süßwasserfische? 9. Was braucht man zu einem belegten Brot?

4. *Notice the meaning of haupt* (head) *in* Hauptmahlzeit — head-meal, main meal. *Translate:*

1. Die Hauptstraße der Hauptstadt ist zwei Kilometer lang. 2. Die Hauptsache ist, daß du gesund bist. 3. Schwarzbrot ist die Hauptbrotart in Deutschland. 4. Die amerikanischen Indianer haben Häuptlinge. 5. Ich studiere hauptsächlich Deutsch.

Aufgabe neun
LESSON NINE

Café und Konditorei
Cafe and Confectionery

»»«««

Wahrscheinlich fragt der ungeduldige Leser jetzt: „Was bietet
probably asks the impatient reader now what offers

man uns hier? Ist dies ein Lesebuch oder ein Kochbuch?" Werde
one us here is this a reading-book or a cook-book become

nicht ungeduldig, lieber Leser! Das Essen spielt überall eine große
not impatient dear reader the eating plays everywhere a great

Rolle. — Vielleicht möchtest du wissen, was man in Deutschland
part perhaps would-like you to-know what one in Germany

trinkt? Da mußt du aber zuerst ein Vorurteil aufgeben, das
drinks there must you however first a prejudice up-give that

viele Amerikaner haben. Der Deutsche ist kein Säufer mit
many Americans have the German is no drunkard with

Bierbauch, roter Nase und Specknacken. Diesen Typ des Deutschen
beer paunch red nose and (bacon-neck) this type (of-the) German
                                        fat neck   of

gibt es nur noch in Witzblättern. — Wenn der Ober in einem
(gives it) only still in (joke-pages) when the waiter in a
exists   funny papers

deutschen Wirtshaus vom Gast erwartet, daß er Bier zum Essen
German inn of-the guest expects that he beer (to-the eating)
                                                                                       with the meal

trinkt, und ihm deshalb häufig kein Wasser bringt, sollte sich
drinks and him therefore frequently no water brings ought-to [himself]

der amerikanische Gast nicht ärgern sondern bedenken: Andere
the American guest not be-angry but consider other

Länder, andere Sitten. Viele Besucher aus USA. wundern sich
countries other customs many visitors from U.S.A. wonder themselves

darüber, daß die Milch in Deutschland nicht so gut ist wie bei
about-it that the milk in Germany not as good is as with

AUFGABE NEUN

ihnen zu Hause. Es kommt ihnen komisch vor, daß in einem
them   at   home.   it (comes) to-them funny [before] that in   a
*   appears*

Land der Wein besser ist als die Milch. Wieder müssen wir sagen:
country the wine better is than the milk   again must we say

Andere Länder, andere Sitten. — Uebrigens, der beste deutsche
other   countries other customs   by-the-way the best German

Wein wächst an den Ufern des Rheins und der Mosel. Rhein=
(wine) grows at the banks of-the Rhine and the Moselle Rhine-
*   grape*

und Moselwein sind weltberühmt. Wo in den Vereinigten Staaten
and Moselle-wine are world-famous where in the   United   States

importierter Wein verkauft werden darf, da werden auch bestimmt
imported   wine sold   be   may there are   also certainly

Rhein= und Moselweine verkauft. — Fred geht schon zwei Stunden
Rhine- and Moselle-wines sold   Fred (goes already two hours
*   has been walking for two hours*

spazieren, und er ist inzwischen hungrig geworden. Da sieht er
walking)   and he has in-the-meantime hungry become   there [sees he

an der Straßenecke über einem großen Schaufenster: Café und
at the street-corner above a   large   show-window Cafe and

Konditorei. Er bleibt vor dem Schaufenster stehen und sieht sich
Confectionery he remains before the show-window standing and (looks-himself)
*   looks at*

die ausgestellten Herrlichkeiten gründlich an. Da sind Aprikosen=,
the exhibited   glories   thoroughly [at] there are apricot

Schokoladen= und Marzipantorten, Apfel=, Pflaumen=, Käse=
chocolate   and marchpane-tarts   apple- plum-   cheese-

kuchen und allerlei Süßigkeiten. Fred muß wählen, aber es
cakes and all-kinds-of sweets   Fred must choose   but it

fällt ihm schwer, sich zu entscheiden, denn: Wer die Wahl hat,
(falls him difficult) [himself] to decide for he-who the choice has
is hard for him

hat die Qual. Von drinnen hört er Tanzmusik. Eine kleine
has the torture from inside hears he dance-music   a   small

Kapelle spielt, und das bestimmt ihn. Er tritt ein, setzt sich
band   plays   and that determines him he enters [in] (sets himself)
*   sits-down*

an einen freien Tisch und bestellt Apfelkuchen mit Schlagsahne
at a   (free) table and orders apple-cake with whipped cream
*   empty*

AUFGABE NEUN

und eine Tasse Kaffee. Der Kellner bringt ihm, was er bestellt
and   a   cup coffee   the waiter brings him what he ordered

hat, und außerdem Zeitungen und illustrierte Zeitschriften. Er
has and besides newspapers and illustrated magazines he

fragt den Kellner: „Sagen Sie mal, wo hört eine Bäckerei auf,
asks the waiter say [you] [once] where stops a bakery

und wo fängt eine Konditorei an?" Der Ober antwortet lachend:
and where begins a confectionery the waiter answers laughingly

„Das wissen die Bäcker und die Konditoren häufig selber nicht.
that know the bakers and the confectioners frequently themselves not

Selbst die müssen das Gesetzbuch befragen. Im allgemeinen
even they must the law-book consult (in-the general)
 in general

verkauft der Konditor feinere Backwaren als der Bäcker, also
sells the confectioner finer baked-merchandise than the baker hence

hauptsächlich Torten. Beim Bäcker können Sie aber außer Brot
chiefly tarts at-the baker can you however besides bread

und Brötchen auch viele einfache Kuchen kaufen." Indessen hat
and rolls also many simple cakes buy in-the-meantime has

Fred bemerkt, daß die hübsche Tochter seines Hotelbesitzers auch
Fred noticed that the pretty daughter of-his hotel-owner also

anwesend ist, und wir glauben bestimmt, er wird mit ihr tanzen.
present is and we believe positively he will with her dance

Wir haben uns nicht geirrt. Die Kapelle spielt einen Wiener Wal=
we have not been-mistaken the band plays a Viennese waltz

zer, und Fred dreht das Mädel im Kreise, als ob er früher immer
and Fred spins the girl (in-the circle) as if he formerly always
 around

nur Walzer getanzt hätte. — Zum Schluß und zur Abwechslung
only waltz danced had (to-the) end and (to-the) change
 at the for a

ein Sprichwort aus der klassischen Antike: Ein Leben ohne Feste
a proverb from [the] classical antiquity a life without feasts

ist ein weiter Weg ohne Wirtshäuser (Demokrates).
is a (far) road without inns (Democrates)
 long

Der Deutsche im amerikanischen Witzblatt hat einen dicken Bauch,
eine rote Nase, einen Specknacken und säuft dauernd (continuously)

AUFGABE NEUN

Bier. Fragen Sie einmal einen Amerikaner, der Deutschland besucht hat, ob der moderne Deutsche so aussieht. Die Antwort wird bestimmt nein sein. Der Deutsche trinkt häufig Bier, wo der Amerikaner Wasser oder Milch trinkt. Man muß sich aber nicht darüber ärgern oder es komisch finden, sondern bedenken: Andere Länder, andere Sitten. Die deutsche Milch ist nicht so gut wie die amerikanische, aber der deutsche Wein ist weltberühmt. An den Ufern des Rheins und der Mosel wachsen die besten Weine Deutschlands. Rhein- und Moselweine werden auch nach den Vereinigten Staaten verkauft.

Fred ist schon zwei Stunden spazieren gegangen und ist bestimmt hungrig. Wir haben uns nicht geirrt. Er steht vor dem Schaufenster eines Cafés und sieht sich die ausgestellten Herrlichkeiten gründlich an. Wer die Wahl hat, hat die Qual. Er kann sich nicht entscheiden, aber endlich bestellt er Apfelkuchen mit Schlagsahne und eine Tasse Kaffee. Der Ober bringt ihm Zeitungen und illustrierte Zeitschriften. Eine kleine Kapelle spielt einen Wiener Walzer, und indessen bemerkt Fred, daß die hübsche Tochter seines Hotelbesitzers auch anwesend ist. Das bestimmt ihn. Er legt seine Zeitschrift neben die Kaffeetasse und tanzt mit dem Mädel. Früher hat er nur Jazz getanzt, aber er ist ein geschickter Tänzer, und bald tanzt er Walzer, als ob er aus Wien und nicht aus Washington gekommen wäre. Nach dem Tanz setzt sich das Mädel an Freds Tisch, und wir wissen, an d e m Nachmittag hat Fred mehr Deutsch gelernt als je (ever before).

1. *Rearrange the following words in sentences:*

1. Meine besitzt Mutter ein und Kochbuch bäckt deutsches sie häufig Kuchen deutschen Familie unsre für. 2. Er immer wird wenn das Essen ungeduldig nicht ist fertig um Uhr zwölf. 3. Wenn essen Sie in deutschen einem Wirtshaus der daß Ober Sie erwartet Bier bestellen. 4. Häufig meine sich geärgert hat Mutter darüber nicht so gut daß die Milch ist in Deutschland zu bei ihr Hause wie. 5. In Staat Wein diesem man kaufen darf? 6. Vor nicht kommt es Ihnen wissen daß die komisch Bäcker und Konditoren wo anfängt der Konditor und aufhört der Bäcker? 7. Wenn gründlich sich haben Sie angesehen Herrlichkeiten ausgestellten die wählen etwas müssen Sie. 8. Wir gegangen schon sind zwei Stunden spazieren und ich geworden bin inzwischen hungrig. 9. Ober Sie bitte bringen eine mir Schokolade Tasse mit Schlagsahne illustrierte und Zeitschrift eine. 10. In tanzt man den Vereinigten mehr Walzer Staaten als Jazz.

AUFGABE NEUN

2. Correct the false statements:

1. Wenn man wissen will, wie eine fremde Nation ist, muß man Witzblätter lesen. 2. Die Amerikaner glauben, daß die Deutschen nur Wasser trinken und kleine, dünne Männchen sind. Der Ober in einem kalifornischen Kindergarten erwartet, daß die Löwen Schokolade trinken. 4. Deutschland exportiert keine Elefanten, und in den Vereinigten Staaten werden keine importierten Weine getrunken. 5. An den Ufern der Nordsee wachsen Deutschlands beste Käse. 6. Der Jazz kam von Wien nach Amerika, aber noch heute tanzt man in USA. mehr Walzer als Jazz. 7. In einer Konditorei verkauft man einfaches Fleisch, und bei einem Bäcker kann man singen. 8. Wenn man im Auto spazieren fährt, wird man hungriger als wenn man zu Fuß geht.

3. Answer the following questions:

1. Was spielte die Kapelle in dem Café? 2. Was kann man bei einem Konditor kaufen? 3. Wo wachsen Deutschlands beste Weine? 4. Was muß man tun, wenn man Zeitungen und Zeitschriften lesen, aber sie nicht kaufen will? 5. Was würden Sie nachmittags um vier Uhr in einem deutschen Café bestellen, wenn Sie hungrig wären? 6. Wo steht häufig der Name eines Geschäftes? 7. Wie sieht der Deutsche in amerikanischen Witzblättern aus? 8. Wann braucht man ein deutsches Kochbuch? 9. Weshalb bringt ein deutscher Ober dem Gast kein Wasser vor dem Essen? 10. Wie heißt die Deutsche, die in amerikanischen Filmen große Rollen spielt?

4. Observe the idiomatic meaning of schon in:

Ich bin schon neun Jahre in den Vereinigten Staaten — I have been in the United States nine years. But: Er ist schon hier — he is already here. Noch nicht — not yet. Noch eine Woche — one more week.

Translate: Wie lange ist er schon krank? — Er ist schon drei Jahre krank. — Er ist schon drei Jahre alt und kann noch kein Wort sprechen. — Ich bin schon zehn Minuten hier, ich werde nur noch fünf Minuten warten. Da ist er schon. Das Essen ist schon eine Stunde fertig. Das Essen ist schon fertig.

Aufgabe zehn
LESSON TEN

Der Seemann Johann Klootenbast
The seaman Johann Klootenbast
spinnt ein langes Garn
spins a long yarn

»»«««

The following story being made up almost completely of cognates needs no interlinear translation. You must try "scientific guessing." Study the following examples and deduce the laws regulating the change of consonants. It will help you to recognize cognates. Remember however that cognates very often differ in their meaning. The lesson may be divided into two as indicated by A and B at the margin.

1. zehn—ten; Zinn—tin; Zweig—twig; zwei—two
2. hassen—hate; lassen—let; es—it
3. trinken—drink; Teufel—devil; halten—hold
4. denken—think; du—thou; Dorn—thorn; drei—three
5. pflücken—pick; Pfeife—pipe; Pfund—pound; Pfahl—pole
6. hoffen—hope; schlafen—sleep; offen—open
7. haben—have; heben—heave; geben—give; Leber—liver
8. Buch—book; machen—make; Storch—stork; Lerche—lark
9. Tochter—daughter; Nacht—night; Licht—light;
    Knecht (hired hand)—knight

A.—Meine Familie — das ist mein Vater, meine Mutter, meine jüngere Schwester, mein älterer Bruder und ich — saß im Weinkeller „Zum Goldenen Anker". Bei uns saß ein alter Seemann mit schneeweißem Haar, stahlblauen Augen, braun von Wind und Wetter. Der Name dieses alten Seebären war Johann Klootenbast. Drei Weinflaschen standen vor Johann, eine der drei Flaschen war halb voll. Es war tief in der Nacht, aber wir wollten nicht zu Bett gehn.
Johann Klootenbast beginnt sein Garn zu spinnen, und er spinnt ein gutes Garn. Er hält das Glas in der lederharten Faust

und beginnt: „Ja, in Frankreich war ich auch. Da habe ich guten Weißwein und besseren Rotwein getrunken. In Paris habe ich alle Museen gesehen." Mein Bruder lacht laut, und Klootenbast schwört beim Barte des Propheten, daß er alle Museen gesehen hat. Klootenbast füllt sein Glas und erzählt weiter: „In Spanien war ich auch. Unser Schiff landete in Barcelona. In Barcelona war ein Fest, und am Nachmittag sahen wir ein Stiergefecht. Die Stiere waren sehr wild. Die grünen, scharfen Hörner suchten die Brust des kaltblütigen Stierfechters in goldglitzernder Uniform. Am Abend sahen wir andalusische Tänzerinnen mit nachtschwarzem Haar und Gazellenaugen. Die Augen der Tänzerinnen hatten Feuer, sie glühten wie Kohlen.

„Ja, die arktischen Wasser habe ich auch gesehen. Ich habe Walfische harpuniert und Eisbären geschossen. Ich habe auf Eisbergen gefroren und gehungert. Bei den Eskimos habe ich rohes Fischfleisch mit dem Oel meiner Lampe gegessen und geschmolzenen Schnee getrunken. Ein Walroß hat mich gehackt, hier, in den Arm. Das kostete mich zehn Wochen Hospital in Norwegen. Die Wunde war infiziert und heilte nicht gut."

Mein älterer Bruder ist Student der Medizin. Johann zeigt ihm die rote Zickzacklinie auf seinem dicken, harten Bizeps. Was für ein Mann, denken wir Landratten, und Johann erzählt weiter: „Achtzehnhundertfünfundneunzig hatte ich ein Abenteuer (adventure) in Afrika. Ich war ein junger Maat an Bord des Viermasters ‚Weißer Schwan'. Der ‚Weiße Schwan' war das beste Segelschiff auf dem Salzwasser, aber unser Kapitän war immer betrunken. Essen, Trinken und Schlafen interessierten ihn mehr als sein Schiff. Wenn er betrunken war, schlief er den ganzen Tag in seiner Kabine, und oft sahen wir seine rote Nase eine halbe Woche nicht. — Also, unser Viermaster segelte bei der Westküste Afrikas über den Aequator. Im Innern des Schiffes hatten wir als Ladung Jamaika-Rum und im Innern des Kapitäns war auch eine volle Ladung Jamaika-Rum. Den Rum wollten wir nach dem Kap der guten Hoffnung bringen. Da brach ein tropischer Sturm los. Der Kapitän war voll wie eine Strandkanone, wir konnten ihn nicht wecken. Unser Steuermann fiel auf dem schlüpfrigen Deck hin, und eine haushohe Woge wusch ihn über Bord. Der Sturm trieb das herrenlose Schiff auf eine Klippe, der Kiel brach, das Wasser wirbelte uns um die Ohren, und das Schiff sank mit Mann und Maus. Ich alleine schwamm mit Hilfe eines Mastendes an die Küste. Da lag ich nun triefend und halbtot im warmen Sand.

Die Tropensonne schien heiß, und in den Palmenzweigen zwitscherten kleine Affen und schrillten Papageien. Meinen Hunger stillte ich mit Kokosnüssen. Wenn ich durstig war, trank ich die Milch der Nüsse. Ich fand auch Bananen. Jeden Abend machte ich Feuer am Strande, aber kein Schiff sah mein Flammensignal. Täglich starrte ich auf die offene See. Kein Schiff kam über den Horizont.

B.—„Endlich fand mich ein wilder Negerstamm (Negro-tribe). Ich gab dem Medizinmann meine letzte Zigarre, und er sagte seinem Stamm, daß ich ein harmloser weißer Dämon wäre. Ich lebte nun bei den Negern. Ich schlief in einer kleinen Hütte aus Palmenzweigen und ging (went) mit den jungen Männern des Stammes auf die Jagd (hunt). Ich lernte mit dem Bogen zu schießen und mit Speer und Schild zu fechten. Ich habe die wilden Bestien des Dschungel und der Steppe gespeert — Löwen, Leoparden, Warzenschweine, Elefanten, Giraffen, Zebras, Gnus, Nashörner usw. Im vierten Winter kam ein schwedisches Expeditionsschiff an die Küste. Der Expeditionsleiter sah das Wrack des ‚Weißen Schwans' unter dem Wasser. Er sandte zehn Mann ins Innere der Wildnis.

„Es war hohe Zeit, daß die weißen Kameraden mich fanden. — Ich fischte einmal mit Angel und Netz in dem fischreichen Strom, da, wo er in die See mündet. Die Hälfte der Fische wollte ich dem Medizinmann und ein Viertel dem Häuptling (chieftain) geben. Ein Krokodil, das ich im braunen Schlamm der Strombank nicht gesehen hatte, biß mich in den Fuß. Der Medizinmann wetzte ein heiliges Messer und wollte den Fuß amputieren. Es war ein heiliges Steinmesser! Da fanden mich die schwedischen Kameraden. Sie brachten mich nach Deutschland, und in einem Berliner Hospital operierte mich ein weiserer Kollege unseres Medizinmannes. Mein Fuß heilte, aber zwei Zehen sind steif. Sehen Sie!"

Wir sehen, daß Klootenbast mitten im Sommer wollene Socken an den Füßen hat.

„Im Berliner Hospital lag ich alleine in einem sonnigen freundlichen Zimmer. Im Garten sangen die Vögel und die halb geheilten Patienten. Bei meinem Bett auf dem Glastischchen lag das Fieberthermometer, und da stand auch eine blaue Vase mit frischen Blumen. Diese Blumen brachte ein älteres Mädchen, die jeden Tag an mein Bett kam. Sie brachte mir auch Schokolade, Zigarren und ein Buch mit dem Titel ‚Friedesinchens Leben, von den Mädchenjahren zu den Brautjahren'. — Die Zigarren waren ein bißchen leicht.

AUFGABE ZEHN

„Sonntag, den fünfundzwanzigsten August, kam der Doktor, der mich operiert hatte, setzte sich an mein Bett und sagte: ‚Ja, Klootenbast, morgen können Sie das Hospital verlassen und zu Ihrer Braut (fiancée) gehen.' ‚Was,' sagte ich, ‚ich höre immer Braut. Haben Sie Braut gesagt?' Der Doktor grinste ein bißchen und sagte: ‚Ja, ist die Dame nicht Ihre Braut? Sie hat uns dreihundert Mark gegeben, damit Sie in der ersten Klasse alleine liegen können.' Das Fieber hatte mich schwach (weak) gemacht. Ich war so nervös, daß der Doktor mir eine Schlafpille geben mußte. Am nächsten Morgen, um sechs Uhr, packte ich mein Bündel. Dann schrieb (wrote) ich auf eine Postkarte: Liebes Fräulein Hurtig! Die See ruft (calls), und wenn die See ruft, muß ein alter Seemann kommen. Ich habe schon eine Frau, die See. — Die Karte steckte ich in das Buch ‚Friedesinchens Jugend' und ging dann zum Seemannsbüro.

„Am Donnerstag war ich Steuermann auf einem Frachtschiff. — Eines Abends, ehe die Sonne sank, ankerten wir bei einer Südseeinsel. Die Wilden schwammen in dem warmen, blauen Wasser. Sie suchten Muscheln unter den Korallen des Grundes. In den Muscheln suchten sie Perlen. Ich dachte: Wenn du eine große Perle findest, kannst du einen Fischdampfer (—steamer) in Hamburg kaufen. Mit einem runden Stein in beiden Händen sprang ich über Bord. Das Wasser war vier Meter tief, ich sank auf den Grund. Ich fand keine Perlen, aber ein Schwertfisch fand mich und brach mir das Knie. Das kostete mich sechzig Tage in einem australischen Hospital. Mein Knie ist heute noch ein bißchen lahm."

Klootenbast machte eine Pause und trank aus der fünften Weinflasche. „Ja," sagte mein Vater, „das Leben des Seemannes ist interessant aber nicht rosig. Das kostet mich fünf Flaschen Wein, aber es war es wert." Wir gingen heim und zu Bett, und in der Nacht hatte ich wilde Träume von Nashörnern, Schwertfischen, Medizinmännern und wollenen Socken.

1. *Answer the following questions:*

A. — 1. Wie sieht Klootenbast aus? 2. Welche Länder hat er gesehen? 3. Was hat er in Frankreich getan? 4. Was hat er in Spanien gesehen? 5. Was hat er in den arktischen Wassern getan? 6. Warum mußte er in Norwegen ins Hospital? 7. Was für ein Mann war der Kapitän des Viermasters „Weißer Schwan"? 8. Warum sank der „Weiße Schwan"? 9. Wie kam Klootenbast an die Küste? 10. Was tat Klootenbast, bevor ihn die Neger fanden?

B. — 1. Wie gewinnt Klootenbast die Freundschaft des Medizinmannes? 2. Wie lebt Klootenbast bei den Negern? 3. Warum sandte der schwedische Expeditionsleiter zehn Mann in die Wildnis? 4. Warum war es hohe Zeit, daß die Kameraden Johann fanden? 5. Was tat Fräulein Hurtig für Klootenbast? 6. Was wollte Fräulein Hurtig von Klootenbast? 7. Warum wollte Klootenbast Fräulein Hurtig nicht heiraten? 8. Warum schwammen die Südseeinsulaner unter Wasser? 9. Warum wollte Klootenbast Perlen finden? 10. Warum mußte er wieder ins Hospital?

2. *Write down in German as many as you remember:*

A. Names of animals.
B. Expressions having to do with seafaring.
C. Expressions having to do with the world of a physician.
D. All the words you would use in a story about a shipwreck.

3. Arrange the cognates of lesson ten in 9 groups according to their consonant changes as the introduction to the lesson indicates.

Aufgabe elf
LESSON ELEVEN

Herr Williams findet ein Wörterbuch
Mr.   Williams   finds   a   (words-book) dictionary

im Eisenbahnwagen
in-the   (iron-road-coach) railway carriage

»»«««

Ich höre hinter mir jemand gebrochen Deutsch reden. Ich drehe
I   hear   behind   me   someone   broken   German   speak   I   turn

mich um und sehe unsern Freund Fred, der eben an den
[myself] around and   see   our   friend   Fred   who   just   to   the

Fahrkartenschalter tritt. Ich sage: „Weshalb sind Sie immer
travel-ticket-window   steps   I   say   why   are   you   [always]

noch in Bremen? Können Sie sich nicht von hier trennen?" Fred
still in Bremen   can   you [yourself] not from here   separate   Fred

antwortet: „Ich finde es hier herrlich. Morgen muß ich mit der
answers   I   find   it   here   glorious   tomorrow   must   I   (with the by train

Bahn nach Berlin reisen, sonst würde ich noch eine ganze Woche
railway) to   Berlin   travel   otherwise would   I   still   an   entire   week

hier bleiben. Hören Sie zu, Sie werden sich freuen, wie schön
here   stay   listen [you in]   you will (yourself gladden) how (beautiful)
be delighted to hear   well

ich Deutsch kann." Er redet den Beamten an: „Einmal zweiter
I   German   (can)   he (speaks) the   official   [to]   (once) second-class
know   addresses   one

nach Berlin!" Wir gehen zusammen zu den Tafeln, die beim
to   Berlin   we   go   together   to   the   (boards) which at-the
bulletin boards

Eingang stehen. Auf der einen steht: Abfahrt der Züge in
entrance   stand   on   the   one   (stands)   departure of-the   trains   in
it-says

Richtung Berlin, Hannover, Hamburg usw., auf der anderen
direction   Berlin   Hanover   Hamburg   etc.   on   the   other

steht: Ankunft der Züge aus Richtung Berlin, Hannover,
it-says   arrival   of-the   trains   from   direction   Berlin   Hanover

AUFGABE ELF

Hamburg usw. Herr Williams schreibt sich die Abfahrtszeiten
<small>Hamburg etc. Mr. Williams writes [himself] the departure-time</small>

verschiedener Berliner Züge auf. Auf dem Reisebüro sagt man
<small>of-various Berlin trains (on) (on) the travel-office tells one
down in</small>

ihm, wann diese Züge in Berlin ankommen. Ich begleite Fred
<small>him when these trains in Berlin arrive I accompany Fred</small>

zum Bahnsteig. Der Zug ist schon da, Fred steigt ein und sucht
<small>to-the platform the train is already there Fred (climbs in) and seeks
gets on</small>

sich einen Sitzplatz am Fenster. Ich helfe ihm mit dem
<small>himself a (sitting-place) at-the window I help him with the
seat</small>

Handgepäck. Der Zug fährt ab, und ich rufe: „Glückliche Reise!
<small>hand-baggage the train (drives off) and I call happy voyage
leaves</small>

Ich treffe Sie später in Berlin!" — Fred sitzt in einem Abteil
<small>I meet you later in Berlin Fred sits in a compartment</small>

für Raucher. Er holt seine Pfeife aus der Tasche, zündet sie
<small>for smokers he fetches his pipe from (the) pocket lights it
his</small>

an, und bald steigen Rauchwolken bis zu den Koffern unter der
<small>and soon rise smoke-clouds up to the suitcases under the</small>

Decke. Kaum brennt die Pfeife richtig, da sieht Fred, daß die
<small>ceiling scarcely burns the pipe properly, then sees Fred that the</small>

junge Dame ihm gegenüber ihr Taschentuch vor die Nase hält
<small>young lady him opposite her (pocket-cloth) before the nose holds
handkerchief</small>

und blaß wird. Sofort steckt er die Pfeife in die Tasche, und
<small>and pale becomes at-once sticks he the pipe in (the) pocket and
his</small>

bald kommen die beiden ins Gespräch. Sie erzählen einander ihre
<small>soon (come) the two into [the] conversation they tell each-other their
get</small>

Pläne, und Fred entdeckt mit großer Freude, daß sein hübsches
<small>plans and Fred discovers with great joy that his pretty</small>

Gegenüber mehr Englisch kann als er Deutsch. Geduldig sagt
<small>vis-a-vis more English (can) than he German patiently (says)
knows tells</small>

sie ihm die deutschen Ausdrücke, die er nicht kennt. Fred lacht
<small>she him the German expressions which he not knows Fred laughs</small>

vergnügt und denkt: „Da habe ich ja ein lebendiges Wörterbuch
<small>cheerfully and thinks (there have I yes) a living (words-book)
why, there I have dictionary</small>

AUFGABE ELF

und ein hübsch gebundenes dazu." Als höflicher Mann stellt
and a prettily bound-one (thereto) as a-polite man (places)
                                                    introduces

er sich nach einer Weile der Dame vor, und bei dieser
he himself after a while to-the lady [before] and at this

Gelegenheit erfährt er, daß Lisa Wetzel — so heißt die Dame —
occasion finds-out he that Lisa Wetzel this is-called the lady

auch in Berlin studieren will. — Es klingelt, zum Zeichen, daß
also in Berlin to-study wants (it rings) (to-the) sign that
                                         a bell rings as a

im Speisewagen gedeckt ist. Das gefällt dem verliebten und
in-the dining-car (covered is) that pleases the enamoured and
                the table is set

hungrigen Fred. Mit liebenswürdigem Lächeln lädt er die
hungry Fred with amiable smile invites he the

hübsche Mitreisende ein. Sie wird ein bißchen rot unter dem
pretty (with-traveler) she becomes a bit red under (the)
   fellow traveler   her

Puder und sagt: „Danke, das ist sehr liebenswürdig von Ihnen.
powder and says thank-you that is very amiable of you

Ich nehme Ihre Einladung aber nur unter der Bedingung an,
I (take) your invitation however only (under) the condition [on]
 accept   on

daß Sie nicht Englisch sondern nur Deutsch mit mir sprechen."
that you not English but only German with me speak

Ehe sie in Berlin aussteigen, verspricht sie Fred, ihn am nächsten
before they in Berlin (out-climb) promises she Fred him at-the next
                        get off

Tage vor dem Universitätsgebäude zu treffen. Viele Leute
day in-front-of the university-building to meet many people

erhielten am Abend dieses bedeutungsvollen Tages reichliche
received at-the evening of-this meaningful day (copious)
                                                        generous

Trinkgelder von Fred.   Warum wohl?
(drinking-money) from Fred (why probably)
    tips   I wonder why

Wenn jemand in Deutschland reisen will, geht er zum Reisebüro und fragt, welcher Zug der beste Zug für ihn ist. Er kann auch auf den großen Tafeln am Eingang lesen, wann Züge ankommen und abfahren. Dann muß er wissen, auf welchem Bahnsteig sein Zug steht. Wenn der Reisende es will, reserviert ihm der Beamte einen Fensterplatz. Wenn jemand rauchen will, muß er in ein

Abteil für Raucher gehen. Nichtraucher gehen in ein Abteil für Nichtraucher. Das Handgepäck legt man in einem deutschen Eisenbahnwagen in ein Netz unter der Decke.

Der gute Fred hatte einen großen Fehler, seine Pfeife. Wenn er seine Pfeife anzündete, hatte er keine Freunde mehr. Auch die hübsche Mitreisende ihm gegenüber hielt sich sofort ihr Taschentuch vors Näschen, als die dunklen Rauchwolken aus Freds Pfeife um die Koffer unter der Decke wirbelten. Aber Fred ist ein höflicher und kluger Mann. Er steckt die schlimme Pfeife in die Tasche und beginnt ein Gespräch mit seinem hübschen Gegenüber. Sie erzählen einander ihre Pläne und Fred entdeckt, daß die junge Dame auch nach Berlin reist, um dort zu studieren. Seine Freude ist groß. Er stellt sich der jungen Dame vor und erfährt, daß sie Lisa Wetzel heißt. Sie kann mehr Englisch als Fred Deutsch und sagt ihm alle deutschen Ausdrücke, die er nicht kennt. Ein lebendiges Wörterbuch, denkt Fred, und ein schön gebundenes dazu.

Es klingelt zum Zeichen, daß im Speisewagen gedeckt ist, und der verliebte Fred lädt Lisa ein, mit ihm Mittag zu essen. Lisa nimmt die Einladung dankend an aber nur unter der Bedingung, daß er während des Essens nicht Englisch sondern Deutsch mit ihr spricht. Ehe sie in Berlin ankommen, verspricht sie ihm, ihn am nächsten Tage vor dem Hauptgebäude der Berliner Universität zu treffen. Als sie das sagte, wurde sie ein bißchen rot unter ihrem Puder. Warum wohl?

1. *Rearrange the following words in sentences:*

1. Auf dem man fragt Reisebüro wann ankommen Züge und die abfahren. 2. Entschuldigung auf steht der Berliner Zug Bahnsteig welchem? 3. Während der des Abfahrt Zuges sich eine Herr Zigarre der anzünden wollte. 4. Koffer alle Ihre im hoffentlich Gepäcknetz sind oder vielleicht Sie haben einen vergessen? 5. Wenn rauchen Sie füllen bitte Sie Pfeife mit Ihre gutem Tabak. 6. Die jungen Leute beiden ins Gespräch kommen und Gelegenheit dieser stellt sich bei Herr Williams vor. 7. Wenn studieren im Sommer Sie wollen in Berlin Ferienkurse an der Sie nehmen müssen Berliner Universität. 8. Das Fräulein junge der folgt Einladung des Amerikaners und mit ihm ißt Speisewagen im. 9. Er auf wann Züge Berlin nach abfahren schreibt.

2. *Correct the false statements:*

1. Im Reisebüro sagt der Beamte, wie das Wetter ist. 2. Wenn man mit einem Zug von Bremen nach Berlin fahren will, muß man vor allen Dingen wissen, wann der Zug in Berlin ankommt. 3. Im Eisenbahnwagen legt man das Gepäck auf den Sitzplatz und setzt sich ins Gepäcknetz. 4. Wenn ein Freund mit dem Zug fortfährt, begleiten wir ihn zum Hotel und sagen: „Gesunde Abfahrt." 5. Ein höflicher Mann stellt sich einer Dame, mit der er spricht, nie vor. 6. Wenn ich hungrig bin, gefällt es mir nicht, wenn das Zeichen zum Essen gegeben wird, das Klingeln macht mich nervös. 7. Wenn man eine Dame in der Stadt treffen will, muß man wissen: Wann, wo und warum.

3. *Answer the following questions:*

1. Was sagt man dem Beamten im Reisebüro, wenn man einen Zug nach Berlin haben will? 2. Was sagt man dem Manne am Fahrkartenschalter, wenn man nach Berlin fahren will? 3. Was tut man, wenn man mit einer fremden Dame ins Gespräch kommt und sich für sie interessiert? 4. Wie kann man wissen, wann im Speisewagen das Mittag- oder Abendessen fertig ist? 5. Was sagen Sie einer Dame oder einem Herrn, den Sie am nächsten Tage in der Stadt treffen wollen? 6. Was schreibt man auf dem Bahnhof auf?

4. Observe the meaning of the suffix *bar* in eßbar — edible (Translate:) Trinkbares Wasser; der Berg war sichtbar; Siegfried war unverwundbar; diese Wunde ist unheilbar; ein fühlbarer Verlust; er wisperte unhörbar.
Observe der Hof — the court, höflich — courtly (Translate:) Ein freundlicher Herr; ein kindliches Gesicht; weibliche Tiere sind oft kleiner als männliche; häusliche Arbeiten; ein kränkliches Kind.
The suffixes **ig, isch** are similar to the suffix **lich**. (Translate:) eine wässerige Suppe; ein blutiger Krieg; er sah käsig aus; er hat fleischige Finger; es ist eisig kalt; ein weibischer Mann; eine männische Frau; manche Studenten sind kindisch in der Klasse; tropische Landschaft.

Aufgabe zwölf
LESSON TWELVE

Ferienkurse in Berlin
(Vacation-courses) in Berlin
summer school

»»«««

Da stehen Sie nun wie ein Kind ohne Eltern auf der
there stand you now like a child without parents on the

Hauptstraße Berlins „Unter den Linden". Sie sind doch
main-street of-Berlin under the linden-trees you are after-all

aber gar nicht so verlassen. Sie haben doch eine Verabredung
however not-at-all so abandoned you have after-all a date

mit Ihrer Freundin. In einer halben Stunde sollen Sie sie vor
with your girl-friend in (a half hour) are-to you her (before)
                                          half an hour   in-front-of

dem Denkmal Friedrichs des Großen treffen. Was sehe ich?
the monument of-Frederick the Great meet what see I

Ihre Schuhe sind schmutzig! Sie sollten sie von einem Schuhputzer
your shoes are dirty you ought-to them by a (shoe-polisher)
                                                                                                                                   bootblack

putzen lassen. Ziehen Sie Ihr seidenes Taschentuch in der Brusttasche
(polish let) pull [you] your silken handkerchief in the breast pocket
have polished

ein wenig weiter heraus! Ihr Schlips sitzt schlecht. Ziehen
a little further out your necktie fits badly pull

Sie den Knoten etwas enger! So, jetzt nehmen Sie Ihren
[you] the knot somewhat (narrower) so now take [you] your
                                      tighter

Taschenkamm und kämmen Ihr Haar noch einmal; der Wind
pocket comb and comb your hair (still once) the wind
                                                          once more

hat Ihren Scheitel zerstört. — Wenn Sie heute Ihrer Freundin
has your parting destroyed if you today your girl-friend

gefallen, müssen Sie mir danken. Inzwischen ist es halb vier
please must you me thank in-the-meantime has it (half four)
                                                                         half-past three

geworden. Herr Williams wartet auf das Wörterbuch. Er geht
become Mr. Williams waits for the (words-book) he goes
                                                                     dictionary

AUFGABE ZWÖLF

vor dem Denkmal des großen Preußenkönigs mit raschen
(before) the monument of the great Prussian-king with quick
in-front-of
Schritten auf und ab. — Lisa kommt zehn Minuten zu spät. Sie
steps up and down Lisa comes ten minutes [too] late she
hat sich sehr hübsch angezogen, und deshalb hat sie nicht zur rechten
has herself very prettily dressed and therefore has she not at-the right
Zeit kommen können. Fred ist froh, daß sie überhaupt gekommen
time come been-able-to Fred is glad that she at-all come
ist. Noch am selben Nachmittag hilft sie ihrem neuen Freund
(is) still at-the same afternoon helps she her new friend
has
alle Formalitäten zu erledigen. — Wir überspringen eine Woche
all formalities to finish we (over-jump) a week
skip
und treffen Herrn Williams froh und zufrieden in einem
and meet Mr. Williams joyful and contented in an
Hörsaal der Berliner Universität. Er hat eine Unterhaltung mit
auditorium of-the Berlin university he has a conversation with
seinem Banknachbarn. Der Banknachbar: „Erlauben Sie, daß
his bench-neighbor the bench-neighbor allow you that
ich mich vorstelle, Karl Brückel." Fred: „Sehr angenehm, Fred
I myself introduce Charles Brückel Fred (very agreeable) Fred
charmed
Williams." Brückel: „Wenn ich mich nicht irre, sind Sie
Williams Brückel if I (myself) not err are you
entweder Engländer oder Kanadier." Fred: „Ich bin weder das
either English or Canadian Fred I am neither the
Eine noch das Andere, ich bin Amerikaner." Brückel: „Wie lange
one nor the other I am American Brückel how long
sind Sie schon in Deutschland?" Fred: „Ich bin schon zwei
(are you already) in Germany Fred I (am already) two
have you been have been
Wochen in Deutschland. Eine Woche lang bin ich in Bremen
weeks in Germany (one week long) have I in Bremen
for a week
geblieben. Vorigen Freitag bin ich nach Berlin gekommen, um
remained last Friday have I to Berlin come in-order
hier während der Sommerferien zu studieren." Brückel: „Sind
here during the summer-vacation to study Brückel are

Sie mit Ihrer Wohnung zufrieden?" Fred: „Ja, ich habe eine
nette, kleine Bude im Norden der Stadt. Mit der Untergrund=
bahn ist es beinah eine halbe Stunde bis zur Universität. Mein
Zimmer ist ruhig, hat Licht und Luft, und meine Wirtin, eine
Frau Pochalski, ist eine saubere Frau, die mein Zimmer rein
macht und mich morgens pünktlich weckt, wenn es Zeit ist, zu den
Vorlesungen zu gehen." Der neue Bekannte unseres jungen
Amerikaners lädt Herrn Williams ein, mit ihm Bier zu trinken,
aber Herr Williams hat keine Zeit. Erst muß er zu einer
Vorlesung über die deutsche Literatur im 17. (siebzehnten)
Jahrhundert gehen und nachher hat er eine sehr wichtige
Verabredung. Wir wissen mit wem, nicht wahr?

Du hast also eine Verabredung mit Lisa, Fred? Du hast noch eine halbe Stunde Zeit. Da laß dir aber die schmutzigen Schuhe putzen! Hier „Unter den Linden" wirst du einen Stiefelputzer finden. Zieh dein seidenes Taschentuch ein bißchen weiter aus der Brusttasche! Der Knoten deines Schlipses könnte etwas enger sein. Einen Scheitel hast du auch nicht mehr. Ich gebe dir meinen Taschenkamm, und nun zieh dir einen neuen Scheitel! Es ist schon halb vier, und Lisa ist noch nicht da. Das ist nicht angenehm. Sie wird wahrscheinlich wieder zehn Minuten zu spät kommen. Sie zieht sich immer sehr hübsch an, wenn sie mit dir ausgeht. Erledige alle Formalitäten auf dem Büro, wenn sie dir helfen will.

AUFGABE ZWÖLF

Hast du eine Wohnung? Ist deine Wirtin freundlich? Macht sie dein Zimmer rein? Wie lange fährst du mit der Untergrundbahn bis zur Universität? Bist du froh, daß du in Berlin bist? Hörst du gute Vorlesungen? Du solltest eine Vorlesung über die Literatur des 19. (neunzehnten) Jahrhunderts hören! Ich weiß schon, du kannst auch heute abend nicht mit mir ausgehen, weil du schon eine Verabredung mit Fräulein Wetzel hast.

1. *Rearrange the following words in sentences:*

1. Wenn hat man Verabredung eine man sein muß pünktlich. 2. Lang eine Woche geblieben ich bin in Bremen. 3. Er nie Berlin im Sommer in bleibt. 4. Halbe nur Stunde bis zur es ist Untergrundbahn eine Universität mit der. 5. Seine macht die Zimmer Wirtin rein. 6. Zu zu ich den glaube Zeit ist es gehen Vorlesungen. 7. Ziehen den Sie Knoten Schlipses enger Ihres und aus ein bißchen weiter Brusttasche Ihrer das Taschentuch. 8. Daß mich ich erlauben Sie vorstelle mein ist Name Karl Brückel. 9. Sie sich irren ich Amerikaner bin. 10. Schon Deutsch studieren wie lange Sie?

2. *Correct the false statements:*

1. Frauen sind immer pünktlich. 2. Mit dem Taschenkamm zieht man den Knoten des Schlipses enger. 3. Eine Wirtin weckt einen morgens, kämmt einem die Haare und putzt einem die Schuhe. 4. Eine gute Wohnung muß laut sein, wenig Licht und Luft haben und viel kosten. 5. Fred ist froh, daß seine Freundin nicht gekommen ist, denn er will mit seinem neuen Bekannten ein Glas Bier trinken. 6. Herr Williams hört Vorlesungen in den eleganten Restaurants von Berlin über die Literatur des siebten Jahrtausends. 7. Wenn man schmutzige Hände hat, geht man zum Schuhputzer.

3. *Answer the following questions:*

1. Wo will Herr Williams Fräulein Wetzel treffen? 2. Warum kommt Lisa zu spät? 3. Wo wohnt Herr Williams? 4. Was tut Herr Williams in Berlin? 5. Was sagt man, wenn man sich vorstellen will? 6. Warum ist Herr Williams froh und zufrieden? 7. Was für eine Wohnung hat Fred? 8. Was tut seine Wirtin? 9. Was tut Fred, ehe Lisa kommt?

4. Observe the meaning of the suffix los in elternlos — parentless. Translate: In unserem Lande gibt es drei Millionen Arbeitslose; das uferlose Meer; Die Ehe (marriage) blieb kinderlos; eine fettlose Diät; eine sonnenlose Jugend; eine schmerzlose Operation (der Schmerz — pain); ein herrenloses Kätzchen; ein regenloser Sommer (der Regen — rain).

Aufgabe dreizehn
LESSON THIRTEEN

Gehen wir ins Kino!
(go we) (into-the) movies
Let-us-go to-the

»»«««

In einer seiner Vorlesungen hat Herr Williams ein Rätsel kennen
in one of-his (lectures) has Mr. Williams a riddle (to-know
classes become
gelernt, das in der ganzen germanischen Welt verbreitet war,
learned) which in the whole Germanic world spread was
acquainted with

vielleicht gefällt es auch Ihnen. — Auf dem blattlosen Baum sitzt
perhaps pleases it also you on the leafless tree sits

ein federloser Vogel. Da kommt die mundlose Maid und ißt
a featherless bird then comes the mouthless maiden and eats

den federlosen Vogel. Sie wollen wissen, was dies Rätsel bedeutet.
the featherless bird you want to-know what this riddle means

Die Antwort ist nicht schwer. Der Schnee liegt auf dem kahlen
the answer is not difficult the snow lies on the (bald)
bare
Baum, die Sonne kommt und schmilzt den Schnee. — Bei den
tree the sun comes and melts the snow with the

alten Germanen war das Rätsel eine beliebte Dichtungsart. Die
old Germans was the riddle a popular (poetry-kind) the
kind of poetry
Rätsel hatten immer die Form von Gedichten. — Wo haben wir
riddles had always the form of poems (where have we
but where
denn aber unser Paar gelassen? Da stehen sie vor dem Ufapalast
then however) our couple left there stand they before the Ufa-palace
have we
am Zoo und sehen sich die Reklamebilder an. Sie müssen draußen
at-the zoo and (look themselves) the advertising-pictures [at] they must outside
look at
warten, bis die Vorstellung zu Ende ist. Sie wird gleich aufhören,
wait until the performance at end is it will immediately stop

aber es regnet, und es macht den beiden keinen Spaß, im Regen
but it rains and (it makes the two no fun) in-the rain
it is no fun for the two

AUFGABE DREIZEHN

zu warten. Sie können sich trösten. Hinter ihnen wartet eine
to wait   they   can themselves console   behind them waits   a

schwarze Menschenmenge. Es sieht aus, als ob die Einwohner
black   human-crowd   it (sees out) as if   the inhabitants
looks

von ganz Berlin gerade heute abend dieses Kino besuchen wollten.
of entire Berlin just (today evening) this movie-theater (visit) wanted-to
this evening   go-to

Lisa und Fred reden mit einander, und die Menge, die sonst nichts
Lisa and Fred talk with each-other and the crowd that otherwise nothing

zu tun hat, hört aufmerksam zu. Lisa: „Im Theater ist jetzt
to do has listens attentively [at]   Lisa   in-the theater is now

nicht viel los. Die Schauspieler haben Sommerferien und sind
not much (loose) the (show-players) have summer-vacation and are
happening   actors

am Meer oder in den Bergen. In die Oper können wir auch
at-the sea or in the mountains (in) the opera can we also
*   to*

nicht gehen, die Oper fängt erst im nächsten Monat wieder an.
not go the opera begins (first) in-the next month again [on]
*   not until*

— Wann wird es aufhören zu regnen? Es ist ja schön, daß der
when will it stop (to rain) it is to-be-sure fine that the
*   raining*

Regen die Blumen begießt, die du mir mitgebracht hast, aber was
rain the flowers waters which you me along-brought have but what

wird aus meiner Wasserwelle werden!" Fred: „Das nächste Mal
will (out-of) my water-wave become   Fred   the next time
of

laß dir eine Dauerwelle machen!" — Plötzlich machen die Pförtner
(let) yourself a permanent-wave (make)   suddenly (make) the doorkeepers
have   made   open

die Türen auf, und bald sitzt jeder auf seinem Platz. — Lisa:
the doors [open] and soon sits everybody on his seat   Lisa

„Gehst du zu Hause, in den Vereinigten Staaten, oft ins Kino?"
go you at home in the United States often (into-the) movies
*   to-the*

Fred: „Ungefähr einmal in der Woche." Lisa: „Die Filme sind
Fred   about once (in the) week   Lisa   the films have

in den letzten fünf Jahren besser geworden. Es gibt heutzutage
in the last five years better become (it gives) nowadays
*   there are*

einige vollkommene Filmkunstwerke. Ich habe herrliche Filme
some perfect film-art-works I have glorious films

AUFGABE DREIZEHN

gesehen, die von drüben, aus deiner Heimat kamen. Wo viel
seen   which from over-there from your homeland came.   where much

Licht ist, ist auch viel Schatten. Die besten und die dümmsten
light is   is   also much   shadow   the best and the most-stupid

Filme kommen aus den Staaten." Fred: „Welchen amerikanischen
films come from the states   Fred   which   American

Filmschauspieler magst du am liebsten?" Lisa: „Als Will Rogers
film-actor like you (at-the best)   Lisa when Will Rogers
                              best

noch lebte, mochte ich ihn am liebsten. Dann war Clark Gable
still lived   liked I him (at-the-best) then was Clark Gable
                              best

längere Zeit mein Lieblingsschauspieler wegen seiner mannhaften
(longer time) my   favorite-actor   on-account-of his   manly
for some time

Kunst, und jetzt ist es Charles Laughton." Fred: „Mein
art   and now is it Charles Laughton   Fred   my

Liebling, Laughton ist Engländer." Lisa: „Stimmt das?" Fred:
darling Laughton is an-Englishman Lisa is-correct that   Fred

„Ganz gewiß!" Lisa: „Hoffentlich taugt der heutige Film etwas.
(quite) certainly Lisa   I-hope   is-worth the of-today film something
why

Der Titel ‚Frühling und Jugend' klingt zwar kitschig, aber die
the title   spring and youth sounds to-be-sure trashy but the

Presse lobt den Film." — Es ist Viertel nach acht und die letzte
press praises the film   it is a-quarter past eight and the last

Vorstellung beginnt mit dem Beiprogramm. Sie sehen die
performance begins with the (by-program)   they see the
                              added attractions

Wochenschau. Reichsführer Hitler hält eine Rede auf dem
survey-of-the week realm-leader Hitler holds a speech at the
                                        delivers

Parteitag in Nürnberg; Deutschland baut einen neuen eigenartigen
party-day in Nuremberg Germany builds a   new   (own-kinded)
                                                        peculiar

Zeppelin; Fliegerbomben über Madrid usw. Als zweite Nummer
Zeppelin (flier-bombs)   over Madrid etc. as second number
          air-bombs

des Programms sehen sie den überraschenden Sieg Max
of-the program   see they the surprising   victory of-Max

Schmelings über den Negerboxer Joe Louis. Sie sehen die
Schmeling over the negro-boxer Joe Louis   they see the

Niederschläge in der zweiten und zwölften Runde mit der Zeitlupe. Dann kommt der Hauptfilm. Nach der Vorstellung gehen sie in ein Nachtlokal tanzen. — Der Leser fragt: „Seit wann duzen sich die beiden?" Nun, zwischen Aufgabe 12 (zwölf) und 13 (dreizehn) ist etwas geschehen. Was es war, weiß ich selbst nicht.

Während der Sommermonate gehen die Schauspieler und die Sänger ans Meer oder in die Berge. Dann ist im Theater und in der Oper nichts los, und die Einwohner der großen Städte gehen mehr ins Kino. Wenn es regnet, sind die Kinos ganz gewiß voll. Wenn es aber gutes Wetter ist, bleiben die Deutschen den ganzen Tag draußen in der freien Natur.

Die letzte Vorstellung in einem deutschen Kino fängt um acht oder um Viertel nach acht an. Wer zu früh kommt, muß warten bis die Pförtner die Türen aufmachen.

Die Deutschen mögen amerikanische Filme sehr gern. In den letzten Jahren hat Amerika einige gute Filme exportiert wie z. B. „Menschen im Hotel" und „Meuterei (mutiny) auf der Bounty". Manche deutschen Filmschauspieler sind nach Hollywood gegangen. Emil Jannings war längere Zeit drüben, Marlene Dietrich ist die Lieblingsschauspielerin vieler amerikanischer Kinobesucher. Viele deutsche Filme haben in den Staaten sehr gefallen, z. B. „Mädchen in Uniform", „Emil und die Detektive".

Die heutigen Filme sind besser als viele moderne Dramen. Mancher Film ist ein vollkommenes Kunstwerk. Aber es gibt immer noch zu viel dumme und kitschige Filme in der Welt. Die meisten deutschen Studenten gehen ungefähr einmal in der Woche ins Kino, sagt die Statistik. Wie in den Vereinigten Staaten, gibt es in Deutschland zu jedem Hauptfilm ein Beiprogramm. Im Beiprogramm hat man gewöhnlich eine Wochenschau, einen komischen Film, einen Sportfilm usw.

AUFGABE DREIZEHN

1. *Rearrange the following sentences:*

1. Nicht dieser mir Film gefällt er zu ist kitschig viel. 2. Er abend Hause heute zu nicht bleiben will heute ins möchte Kino gehen er. 3. Ein ist Sommerregen für Blumen die besser für als der die Damen Dauerwellen und Wasserwellen. 4. Ins die ins heutzutage lieber Menge geht Kino als Theater. 5. „Mädchen in Uniform" einer des der war zehn besten Jahres Filme. 6. Als den niederschlug Max Schmeling Negerboxer Joe Louis die war ganze Welt die zuhörte am Radio überrascht. 7. Den ich gesehen habe Präsidenten Staaten der in der Vereinigten Wochenschau wie vor den er hielt eine Presseleuten Rede.

2. *Correct the wrong statements in complete sentences:*

1. Die Germanen kannten keine Rätsel. 2. In der Wochenschau haben wir einen Sportfilm gesehen, der zeigte, wie Dempsey den Negerboxer Schmeling in der zwölften Runde photographierte. 3. Wenn es schneit, machen die Kinder eine Wasserfrau. 4. Wenn es regnet, muß man die Blumen begießen. 5. Im Sommer schwimmt man in den Bergen in den Dauerwellen oder steigt (climbs) auf das Meer. 6. Wenn es längere Zeit nicht schneit, muß man seine Wasserwellen begießen. 7. In den Vereinigten Städten gehen die meisten Leute nur einmal im Monat ins Kino.

3. *Answer the following questions:*

1. Welchen Filmschauspieler mögen Sie am liebsten? 2. Wohin gehen Sie im Sommer? 3. Was geschieht, wenn man sich in einer Menschenmenge, die sonst gerade nichts zu tun hat, laut unterhält? 4. Was sieht man in einem deutschen Kino als Beiprogramm? 5. Was will man mit der Zeitlupe sehen? 6. Was machen die Pförtner eines großen Kinos? 7. Wann duzt man einen Menschen? 8. Welcher amerikanische Film ist Ihr Lieblingsfilm?

4. The word **artig** which forms the second part of many compound adjectives comes from die Art — kind, type species. Example: eigenartig—having its own type, peculiar. Translate:

A — 1. Der Botaniker zeigte uns fremdartige Pflanzen. 2. Das ist eine bösartige Infektion. 3. Dieser Tiger ist bösartig, aber dieser Löwe ist gutartig, sagt der Zirkusdirektor. 4. Dumme Men=

schen hassen andersartig Denkende. 5. Dies ist eine volksliedartige Melodie. 6. Hier haben wir eine kristallartige Formation. 7. Eine wasserartige Flüssigkeit. 8. Ein derartiger Mensch kann nicht mein Freund sein.

B — 1. Kennen Sie Darwins Buch „Die Entstehung (origin) der Arten"? 2. Diese Tierart gibt es bei uns nicht. 3. Das Sonett ist eine beliebte Dichtungsart in der romanischen Welt. 4. Max Schmeling hatte die Kampfart seines Gegners gut studiert, bevor er mit ihm boxte. 5. Mit seiner netten Art macht er sich viele Freunde. 6. Mit dieser Art Menschen will ich nichts zu tun haben.

Aufgabe vierzehn
LESSON FOURTEEN

Man hat schöne Dinge vor
One (has beautiful things before)
intends doing fine things

»»«««

Fred: „Es scheint, die deutschen Mädchen treiben sehr viel Sport.
Fred   it   seems   the   German   girls   (drive very much sport)
                                            engage much in sports

Für welchen Sport interessierst du dich?" Lisa: „Für Tanzen
(for) what   sport   (interest you yourself) Lisa (for) dancing
in   in

und Schwimmen. Uebrigens, morgen abend gibt Mary Wigman
and swimming   by-the-way tomorrow evening gives Mary Wigman

einen Tanzabend. Das solltest du sehen." Fred: „Wenn es
 a   dance-evening that ought-to you see   Fred   if   it

durchaus sein muß." Lisa: „Gehörst du vielleicht zu den Philistern,
absolutely be must   Lisa   belong you perhaps to the philistines

die nichts vom Kunsttanz wissen wollen?" Fred: „Ganz gewiß
who (nothing of-the art-dance know want-to) Fred (quite) certainly
look down on aesthetic dancing   why

nicht. Morgen ist Dienstag, und da wollte ich gerne in den
not.   tomorrow is Tuesday   and there wanted I (gladly) (in) the
                                                           badly to

Sportpalast zum Ringkampf gehen, weil ein amerikanischer
sport-palace to-the (wrestling-fight) go because an   American
             wrestling match

Ringer kämpft." Lisa: „Aber Fritzchen, so etwas kannst du doch
wrestler fights Lisa   but Freddie (so something) can you after-all
                                                    such a thing

drüben auch sehen! Wenn du in Deutschland bist, solltest du dich
over-there also see   when you in Germany   are ought-to you [yourself]

für deutsche Dinge interessieren!" Fred: „Lisalein, du hast wieder
(for German things interest)   Fred   little-Lisa you (have again
 be interested in German things   are

einmal recht. Gehen wir also zur Wigman." Lisa: „Du wirst
 once) right (go   we) then to-[the] Wigman Lisa   you will
again   let us go

61

AUFGABE VIERZEHN

dich nicht langweilen. Die Wigman und ihre Gruppe werden
dir einen Begriff geben von der Schönheit, Kraft und Tiefe des
deutschen Kunsttanzes. Du solltest sie wirklich wenigstens einmal
sehen, während du in Berlin bist." Fred: „Was hast du für
nächsten Sonntag vor?" Lisa: „Etwas sehr Schönes. Ich
möchte mit einigen Freunden und dir eine Faltbootfahrt auf
der Spree machen. Es gibt an der Spree viele reizende
Dörfchen, zu denen wir paddeln können. Wir werden im Freien
unser eigenes Essen kochen, wir werden den ganzen Tag schwimmen
und uns von der Sonne braun brennen lassen. Einer meiner
Bekannten hat ein Grammophon, wir können also auch
tanzen." Fred: „Ich freue mich auf Sonntag. Ihr treibt
wirklich viel Sport hier in Deutschland. Für viele Deutsche ist
Sport und Vergnügen hier durchaus dasselbe." Lisa: „Seit
dem Weltkrieg sind die Deutschen mehr und mehr ein Sportsvolk
geworden. Du solltest im Winter hier sein. Ueberall in
Deutschland fahren Sonderzüge in die Berge. Die jungen

AUFGABE VIERZEHN

Leute nehmen ihre Skier, Schlitten oder Schlittschuhe und bleiben
people take   their   skis   sleds   or   skates   and   stay

das ganze Wochenende draußen bei Mutter Natur. Die Menschen
the entire week-end outside (at) mother nature the (human-beings)
*   with   people*

in den großen Städten sind gesünder und fröhlicher geworden
in the large   towns have healthier and more-cheerful become

als sie früher waren. Jedenfalls gibt es nicht mehr so viele
than they formerly were at-any-rate there are (not more) (so) many
*   no longer   as*

Stubenhocker und Milchgesichter unter der Jugend wie im
(room-squatters) and milk-faces among the youth as in-the
stays-at-home

vergangenen Jahrhundert." Fred: „Das glaube ich wohl.
past   century   Fred   that believe I   well

Man darf aber nicht vergessen, daß die großen Leistungen
one must however not forget   that the great achievements

Deutschlands auf geistigem Gebiet Leistungen dieser älteren
of-Germany (on) the-intellectual field achievements of-this older
*   in*

Generationen waren. Die Deutschen hießen damals ,das
generations were   the   Germans were-called at-that-time the

Volk der Dichter und Denker.' Ich glaube, daß körperliche
nation of-the poets and thinkers I believe that physical

Gesundheit und geistige Leistungen zwei verschiedene Welten
health   and intellectual achievements two different worlds

sind." Lisa: „Die deutsche Luft macht dich philosophisch. — Ob
are   Lisa   the German air makes you philosophical whether

das neue Deutschland so tüchtig ist wie es das alte war, wird die
the new Germany (so) capable is as it the old-one was will the
*   as*

Zukunft lehren. Deshalb wollen wir uns keine grauen Haare
future teach for-that-reason will we us no gray   hair

wachsen lassen!" Fred: „Du gebrauchtest vorhin den Ausdruck
grow   let   Fred   you used a-short-time-ago the expression

Philister. Was bedeutet Philister? Uebersetz' es mir!" Lisa:
philistine what means philistine translate it for-me Lisa

„Das kann man nicht übersetzen. Ich werde es dir erklären. —
that can one not translate   I   shall it to-you explain

AUFGABE VIERZEHN

Ein Philister ist ein Mensch, der weder das Leben, noch die
a   philistine   is   a human-being who   neither   [the]   life   nor   [the]

Kunst, noch die Natur liebt. Ein Philister liebt überhaupt nichts.
art   nor   [the] nature loves   a   philistine   loves   (at-all   nothing)
nothing-at-all

— Mach' dir keine Sorgen, du bist kein Philister!"
(make yourself no worries)   you are   no   philistine
don't worry

Vor dem Weltkrieg waren die Deutschen keine Sportsnation wie die Engländer, Amerikaner und Skandinavier. Nur der Soldat kannte körperliche Uebungen. Die geistige Jugend Deutschlands trieb keinen Sport. Schon Goethe kritisierte die jungen deutschen Männer, die sich nur für abstrakte philosophische Probleme aber nicht für ihren Körper interessierten. Er nannte sie Stubenhocker und lobte die jungen Engländer, die ihn in Weimar besuchten, weil sie gute Sportsleute waren.

All das wurde mit dem Weltkrieg anders. In weniger als zehn Jahren wurden die Deutschen ein Sportsvolk. Bei den olympischen Spielen in Berlin haben sie gezeigt, was sie als Sportsvolk leisten können. Die heutige Jugend in den großen und kleinen Städten ist gesund. Die Gesichter der Großstadtmenschen sind frisch. Man kann sehen, daß sie im Sommer und Winter viel draußen im Freien sind. Wassersport und Wintersport sind die Lieblingssportarten der heutigen Deutschen. Milchgesichter sieht man nur noch in den Krankenhäusern. Arbeiter, Studenten, Verkäufer — alle sehen sie braun gebrannt aus. Auch ein armer Deutscher kann sich ein Faltboot und ein Paar Skier kaufen und während des Wochenendes Sport treiben. Ob das neue Deutschland, das körperlich gesünder ist als das alte es war, auch auf geistigem Gebiet Besseres leisten wird als das vergangene Jahrhundert, wird die Zukunft lehren. Jedenfalls lassen sich die jungen Deutschen keine grauen Haare deswegen wachsen.

1. *Rearrange the following words in sentences:*

1. Mary zeigt in ihren Wigman Tänzen die des Kunsttanzes ganze Kraft Tiefe und Schönheit. 2. Nur wissen wollen die Philister nichts vom heutzutage Kunsttanz. 3. Fred zum gehen Sportpalast Dienstag abend wollte weil dem an Abend ein kämpfte amerikanischer Ringer. 4. Wenn reist man fremden in

AUFGABE VIERZEHN

einem Lande man sich sollte für interessieren die Kultur Landes dieses. 5. Du ich mich nicht gehabt gelangweilt recht hast habe. 6. Für ich habe nächsten vor Sonntag auf dem Faltbootfahrt eine Rhein. 7. Das nächste wir fahren Wochenende in die Berge und Ski laufen von morgens bis abends.

2. *Correct the false statements:*

1. Wer zu einem Mary Wigman Abend geht, will Ringkämpfe sehen. 2. Im Sommer geht man mit seinem Schlitten ans Meer und läuft Schlittschuh, im Winter geht man mit dem Faltboot in die Berge und läuft Ski. 3. Wir paddeln unser Faltboot zur Universität, kochen vor dem Hauptgebäude unsere eigenen Bücher, lassen uns von der Sonne braun kochen und schwimmen den ganzen Tag. 4. Die Sonderzüge, die am Dienstag fahren, bringen die Dorfjugend ins Kino. 5. Der junge Sportsmann ging mit seinen Schlittschuhen vom Berge ins Tal. Im Wirtshaus nahm er die Schlitten ab und sah, daß er zwei Kilometer in drei Minuten gefahren war. 6. Das Deutschland des neunzehnten Jahrhunderts leistete auf körperlichem Gebiet Herrliches; die Engländer nannten die Deutschen dieser Zeit das Volk der Turner und Sportler. 7. Wer die Welt mit den Augen des Dichters ansieht, ist ein Philister.

3. *Answer the following questions:*

1. Wie heißt der amerikanische Tänzer, der mit seiner Tänzergruppe in den größeren Städten Vorstellungen gibt? 2. Was kann man sich kaufen, wenn man Wintersport treiben will? 3. Was kann man tun, wenn man ein Faltboot besitzt und an einem Fluß wohnt? 4. Was ist seit dem Weltkriege anders geworden in Deutschland? 5. Welches sind die größten Sportsvölker der Welt? 6. Was ist ein Philister? 7. Mit wem kämpfte der starke Samson? 8. Was tut man auf einer Faltbootfahrt am Wochenende?

4. Many nouns can be formed by adding the suffixes **heit** and **keit** to adjectives. Translate:

Die Schönheit ihres Tanzes; die Wildheit des Tigers; die Klugheit des Elefanten; die Kindlichkeit seines Gesichtes; die Unmenschlichkeit dieser Barbaren; die Dummheit dieses Jungen; die Tüchtigkeit des alten Deutschland auf geistigem Gebiet; Freiheit, Gleichheit, Brüderlichkeit; er sagt uns nicht die Wahrheit.

AUFGABE VIERZEHN

Many monosyllabic adjectives can be changed to nouns by adding the suffix e and umlaut. Translate:

Die Länge seines Armes, die Breite seiner Schultern, die Röte seiner Nase, die Schärfe seines Schwertes, die Höhe der Berge, die Frische der Luft, die Härte seines Herzens, die spezifische Schwere des Wassers, die Güte dieser Kaffeeart, die Schwäche seines väterlichen Herzens, die Stärke seiner Muskeln.

Aufgabe fünfzehn
LESSON FIFTEEN

Wir nehmen von Fred Abschied
We   take   from   Fred   leave

»»«««

Jede Woche einmal, am Freitag nachmittag oder am Dienstag
every week   once [at-the] Friday afternoon or [at-the] Tuesday

nachmittag, spielt Fred in einem Berliner Sportsverein Tennis.
afternoon plays Fred in a   Berlin   sport-club   tennis

Es ist Freitag nachmittag. Herr Brückel kommt mit Fred aus
it is Friday afternoon. Mr. Brückel comes with Fred from

dessen Stube und die beiden sausen die vier Treppen hinunter
the-latter's room and the two   dash the four (stairs) down
                                                                                                    flights

so schnell sie können, damit sie den Autobus noch erwischen,
as fast they can in-order-that they the autobus still catch

der gerade vor Freds Hause hält. Herr Brückel ist ein kleiner
which just before Fred's house is-stopping Mr. Brückel is a   short

Mann mit breiten Schultern, dunklen, flinken Augen und einem
man with wide   shoulders dark   fast   eyes and   a

Paar äußerst häßlicher Ohren. Er ist Mediziner, aber an
pair-of extremely ugly   ears   he is a-medical-student but on

einem schönen Sommernachmittag sitzt er nur ungerne in der
a   beautiful summer-afternoon sits he only unwillingly in the

Anatomie. Da spielt er lieber Tennis und freut sich seines
anatomy   then (plays he liefer) tennis and enjoys [himself] [of-]his
                      he prefers to play

Lebens. Eben sind die beiden auf dem Tennisplatz angekommen.
life   just have the two on the tennis court   arrived

Weil wir annehmen, daß dem Leser jetzt das Herz schwer wird,
because we   assume   that (to-the reader now the heart heavy becomes)
                                 now the reader's heart becomes heavy

denn wir müssen uns jetzt von Herrn Fred Williams auf immer
for we   must   [us] now from Mr. Fred Williams for   ever

AUFGABE FÜNFZEHN

trennen, beschreiben wir den Tennisplatz. Ob Sie technische Beschreibungen lieben oder nicht, kümmert uns nicht. — Das Spielfeld für Tennis oder „Netzball" ist ein Rechteck, 23,77 m (dreiundzwanzig Komma siebenundsiebzig Meter) lang und 8,23 m (acht Komma dreiundzwanzig Meter) breit. Es wird in der Mitte durch ein 0,91 m (null Komma einundneunzig Meter) hohes Netz geteilt. Das Netz hängt an einem Strick oder Metallkabel, dessen Durchmesser 8,5 mm (acht Komma fünf Millimeter) oder weniger ist. Das Spielfeld wird durch Seitenlinien, Grundlinien und eine Mittellinie begrenzt.

Beobachten wir die beiden Spieler! Herr Brückel ist Aufschläger. Er hat eine scharfe Angabe, seine Bälle sind schwer zu kriegen. Aber Fred ist katzenhaft flink, er schlägt auch die schwierigen Bälle zurück. Beide Gegner sind erfahrene Spieler und sie kämpfen tapfer. Schließlich führt Fred. Er braucht bloß noch zwei Punkte zu gewinnen. Er faßt den Schläger fester, und die weiße Gummikugel fliegt immer schneller hinüber und

AUFGABE FÜNFZEHN

herüber. Wir hören den Schiedsrichter rufen: „Vorteil
fro   we   hear   the   (decision-judge)   call   advantage
                          referee
Auf. (Aufschläger), Einstand, Vorteil Rück. (Rückschläger)",
(up) (up-striker)   deuce   advantage (back) (back-striker)
in   out
und im nächsten Augenblick ruft er: „Spiel, Satz, Sieg!"
and in the next   moment   calls he   game set victory
Herr Brückel hat verloren, Fred hat gewonnen. Die Spieler
Mr. Brückel has   lost   Fred has   won   the players
reichen sich die Hände, und wir reichen Fred auch die
(reach-out-to-each-other the hands) and we (reach-out Fred also the
shake hands with each other   also shake hands with
Hand, denn jetzt kommt der Augenblick, wo wir Abschied
hand) for now comes the   moment   where we leave
Fred
nehmen müssen. Wir sagen etwa: „Lebe wohl, Fritzchen, wir
take must   we say about   farewell   Freddy   we
werden dich und die Wörter und Ausdrücke, die wir durch dein
shall you and the   words   and expressions which we through your
Dasein gelernt haben, nie vergessen. Leider ist dein Charakter
existence learned have never forget unfortunately is your character
zu einfach für das zweite Buch. Du wirst uns das nicht übel
too simple for the second book   you will [us that not (evil
                                                          take
nehmen. Du weißt, wir müssen Fortschritte machen und wir
take) you know we must (progresses) make and we
amiss   progress
haben keine Lust, immer nur von dir und Lisa zu hören. Grüße
have no (joy) always only of you and Lisa to hear greet
      desire
Lisa, und viel Glück für deinen weiteren Aufenthalt in
Lisa and much luck for your further stay in
Deutschland!"
Germany

Wir müssen jetzt von unserem Freunde Abschied nehmen. Er ist ein netter Junge, aber ein bißchen zu einfach. Wir brauchen kompliziertere Charaktere, denn wir wollen Fortschritte machen. Gehen wir zu den Tennisplätzen, da werden wir Fred treffen und können ihm Lebewohl sagen. Wir müssen laufen, damit wir den Autobus noch erwischen, der eben vor dem Universitäts= gebäude hält.

AUFGABE FÜNFZEHN

Hier sind wir auf den Tennisplätzen. Wie heißt der junge Mann da mit den breiten Schultern und den häßlichen Ohren? So, das ist also der berühmte Herr Brückel, der junge Mediziner, der nur ungerne in der Anatomie sitzt, wenn es schönes Wetter ist. Wissen Sie übrigens, wie ein Tennisplatz aussieht? Ich werde es Ihnen beschreiben: Das Spielfeld wird durch Grundlinien und Seitenlinien begrenzt. Die Grundlinien sind 8,23 m lang, die Seitenlinien 23,77 m. In der Mitte des Feldes hängt ein Netz, das 0,91 m hoch ist oder wenigstens hoch sein sollte. Der Strick oder das Metallkabel, an dem das Netz hängt, darf keinen größeren Durchmesser als 8,5 mm haben.

Beobachten wir die beiden beim Spielen! Was für eine scharfe Angabe Herr Brückel hat! Aber Fred ist flink, er kriegt auch die scharfen Bälle und schlägt sie bis an die Grundlinie zurück. — Au! (ow) Den Ball kann keiner kriegen. Jetzt ist es Vorteil Auf. — Jetzt ist es Einstand, Herr Brückel wird nervös. — Vorteil Rück. — Fred hat das Spiel und den Satz gewonnen.

Reichen wir ihm die Hand! „Fred, wir müssen dir jetzt Lebewohl sagen. Nimm es nicht übel, aber dein Charakter ist zu einfach für das zweite Buch. Grüße Lisa von uns. Viel Glück für deinen weiteren Aufenthalt in Deutschland und dein weiteres Dasein!"

1. *Rearrange the following words in sentences:*

1. Wir auf treffen Fred dem eines Tennisplatz Sportvereins Berliner. 2. Wir damit müssen erwischen laufen den wir Autobus der eben vor Universität der hält. 3. Es nicht ob Sie kümmert eine Beschreibung des Tennisplatzes uns mögen oder nicht. 4. Das ist ein Spielfeld Rechteck und hängt Metallkabel das einem an Netz Durchmesser, 8,5 mm dessen ist. 5. Wenn gleich sind die Spieler gut der fliegt Tennisball hin lange her und. 6. Reichen die Sie Fred Hand müssen Sie von jetzt nehmen ihm Abschied. 7. Wenn scharfe hat Angabe ein Spieler seine zu schwer sind eine Bälle kriegen.

2. *Correct the false statements:*

1. Das Spielfeld für Netzball ist ein Dreieck (die Ecke—corner) mit einem Netz in der Mitte, das 91,00 m hoch ist. 2. Auf der einen Seite des Tennisplatzes hängt ein Netz an einem Metall= kabel, dessen Durchmesser 8,5 m ist. 3. Medizinstudenten sitzen

AUFGABE FÜNFZEHN

oft im historischen Museum und studieren griechische Philosophie. 4. Wer im Tennisspiel eine scharfe Angabe hat, gewinnt das Spiel, wenn sein Gegner auch die schwierigen Bälle kriegt. 5. Wer den Ball ins Netz schlägt, gewinnt einen Punkt. 6. Wenn man Fortschritte machen will, muß man vom Komplizierten zum Einfachen fortschreiten. 7. Während eines Tennisspieles liest der Schiedsrichter die Zeitung. 8. Wer die wenigsten Punkte hat, gewinnt das Spiel, wer die meisten Sätze hat, verliert. 9. Wenn wir von einem Menschen Abschied nehmen, geben wir ihm einen Tennisball.

3. *Answer the following questions:*

1. Was ist rechteckig, was kugelförmig und was ellipsoid im Tennissport? 2. Wo hängt das Tennisnetz und woran hängt es? 3. Wie lang und wie breit ist das Spielfeld auf einem Tennisplatz? 4. Welche Dinge braucht man zum Tennisspielen? 5. (Beantworten Sie diese Frage nur, wenn Sie etwas vom Tennisspiel verstehen) Was sagt der Schiedsrichter während eines Spieles? (Fünfzehn — null, ...) 6. Warum müssen wir von Herrn Williams Abschied nehmen? 7. Beschreiben Sie Herrn Brückel! 8. Warum laufen die beiden Freunde die vier Treppen hinunter? 9. Was sagen Sie, wenn Sie von jemand Abschied nehmen?

4. The adjective suffix **haft** attached to a noun makes an adjective of that noun. The meaning is: having the qualities of the preceding noun. Example:
Katzenhaft means having the qualities of a cat. Katzenhaft flink —fast as a cat; mit katzenhafter Grausamkeit —with catlike cruelty; mit katzenhafter Geschmeidigkeit —with the agility of a cat.
Translate: eine schmerzhafte Operation (der Schmerz—pain); ein mädchenhaftes Gesicht; eine fehlerhafte Aussprache; eine rätselhafte Frau; eine meisterhafte Arbeit; seine krankhafte Melancholie; diese Musik ist traumhaft schön; ein pflanzenhaftes Dasein; mit maschinenhafter Präzision; mit tigerhafter Wildheit; eine mannhafte Tat; frauenhaftes Haar.

Zur Wiederholung
(to-the) repetition
for

»»«««

I. In the following four reading selections almost all the idiomatic expressions are used which you have learned in the preceding fifteen lessons. Translate:

A. Es ist jetzt halb elf. Der Berliner Zug wird Viertel vor zwölf fahren. Ich nehme einmal zweiter und steige ein. Heute kann ich in Berlin zu Abend essen. — Da kommt die Dame, die ich beim Tennisspielen kennen gelernt habe. Ich werde mich mit ihr unterhalten oder besser, ich werde zuhören. Wenn sie spricht, kann ein anderer nämlich überhaupt nichts sagen. Auf diese Weise werde ich mich nicht so langweilen. Ich möchte wissen, warum sie hin und her läuft und sich nicht auf den freien Platz am Fenster setzt. Vielleicht will sie nicht mir gegenüber sitzen. Vielleicht will sie nichts mehr von mir wissen. Ob sie es übel genommen hat, daß ich sie beim Tanzen geduzt habe? Hoffentlich nicht. — Es klingelt zum Zeichen, daß im Speisewagen gedeckt ist. Ich werde sie einladen, mit mir zu essen. Ich habe nicht viel Geld bei mir, aber es wird schon gehen. Da kommt sie eben mit einem Buch in der Hand durch den Korridor. Jetzt oder nie!

B. Gehen Sie jetzt nach Hause und lernen Sie die Sprichwörter auswendig, die Sie noch nicht gelernt haben. Morgen früh, ehe Sie frühstücken, erzählen Sie mir die Geschichte von Klootenbaft — auf Deutsch natürlich. Es ist schade, daß Ihnen diese Uebung keinen Spaß macht, und es tut mir leid, daß Sie von der Grammatik nichts wissen wollen. Sagen Sie mir, guter Mann, glauben Sie, daß Sie immer nur das tun können, was Ihnen gefällt? Sie interessieren sich für deutsche Literatur, für Psychologie und Biologie, nicht wahr? Wenn Sie in diesen Studien Fortschritte machen wollen, müssen Sie Deutsch können. Oder warten Sie vielleicht auf die Zeit, wo Sie eine Reise nach Deutschland machen können? Da müssen Sie vielleicht noch drei Jahre lang warten. Außerdem wird Ihnen eine solche Reise mehr helfen, wenn Sie schon etwas Deutsch können. Wie lange studieren Sie übrigens schon? — So, drei Jahre! Sie haben voriges Jahr angefangen Deutsch zu studieren, nicht wahr?

C. Ich mache mir Sorgen, daß du krank wirst. Du siehst sehr schlecht aus. Vielleicht solltest du einmal aufs Land gehen. Du könntest bei der Familie meines Onkels wohnen. Du hast meinen Onkel im vorigen Jahr kennen gelernt. Wenn du willst, kannst du schon Weihnachten zu ihm gehen. Die Frau meines Onkels kocht deutsche Küche, und zu Weihnachten gibt es dort immer etwas Gutes zu essen. Hast du Appetit auf eine gebratene Weihnachts= gans? Das schmeckt, sage ich dir. Wenn mein Onkel in die Stadt kommt, um Einkäufe zu machen, kannst du mit ihm sprechen. Er kommt jeden Monat zweimal. Er wird sich freuen, dich als Gast zu haben, denn er mag dich sehr gern. Er wird dich vielleicht auch zur Jagd einladen. Wenn du reiten willst, kannst du ihn um ein Pferd bitten. Wenn du lieber Spaziergänge machst, kannst du das natürlich auch tun. Wirklich, du solltest mehr für deinen Körper tun. Heute nachmittag z. B. solltest du im Freien sein und nicht in deinem dunklen Zimmer sitzen und eine Zigarette nach der andern rauchen.

D. Also, um halb vier fährt die Europa von Neu York ab. Du darfst nicht eine Minute zu spät kommen. Der Kapitän wartet nicht auf seine Fahrgäste. Ihr werdet wahrscheinlich mittags oder nachmittags in Bremerhaven ankommen. Wenn die Ozeanfahrt zu Ende ist, beginnt dein Problem. Was wirst du tun oder besser, was wirst du sagen, wenn du spät in der Nacht in Bremen vor dem Hauptbahnhof stehst? Was macht dein Deutsch? Du lernst nicht so gut wie dein jüngerer Bruder. Na, jetzt zum Schluß kannst du ja noch in Deutschland Deutsch lernen. Wenn du zurückkommst, mußt du im deutschen Verein (club) auf deutsch eine Rede halten. Du mußt mir recht geben: Man kann ein Volk nicht kennen lernen, wenn man seine Sprache nicht versteht. Du kannst genug Deutsch, um nach dem Wege zu fragen, also mach' dir keine Sorgen. — Glückliche Reise!

E. In diesem Café ist viel los, d. h. hier trifft man die elegante Welt Berlins, Künstler, Sportsleute, Staatsmänner, Filmschauspieler usw. Also, nehmen wir Platz und bestellen wir zur Abwechslung einmal Austern! — Na, wie gefällt dir dies Plätzchen? — Da singt diese ältliche Dame! Vielleicht wird sie auch tanzen. — Das Lied ist zu Ende, hoffentlich singt sie nicht weiter. Bei ihrem lauten Singen kann man sich nicht unterhalten. Diese kitschigen Jazzlieder gefallen mir gar nicht. Ich möchte wissen, warum die Leute hier diesen Kitsch gerne hören. Mir verdirbt er den Appetit. — Aber mein lieber Junge, du siehst aus, als ob du vor Hunger stürbest. Du hast diese Austern in Weltrekordzeit gegessen. — Zum Zeichen, daß du mir meine kleine Kritik nicht übel genommen hast, borge mir bitte zehn Mark. Ich kann weder meine Rechnung bezahlen noch dem Ober ein Trinkgeld geben und ich glaube, es ist nicht genug, wenn ich ihm statt des Geldes die Hand reiche. Ich borge heute zum letzten Mal Geld von dir.

II. Point out the principles of word formation and translate:

1. Ein praktischer Mann. 2. Er brachte die Frische des Morgens ins Zimmer. 3. Dieser Fluß ist wegen seiner Untiefen nicht schiffbar. 4. Dieses philosophische Problem ist undenkbar. 5. Eine wässrige Suppe. 6. Häusliche Vergnügen. 7. Ein fensterloses Zimmer. 8. Dieser Ringer kämpft mit tigerhafter Wildheit. 9. Die Deutschheit seines Charakters. 10. Das Singen der Vögel weckte ihn. 11. Die singenden Vögel weckten ihn. 12. Die Schwärze seines Haares. 13. Die Tiefe der kantischen Philosophie. 14. Er ist der Herr über Leben und Tod dieser Menschen. 15. Die alte Wäscherin. 16. Die Hauptarbeit muß ich tun. 17. Mit katzenartiger Schnelligkeit. 18. Wir haben nicht genug Träger für unsere Safari.

III. Enumerate all the German words (including nouns, verbs, adjectives) you know pertaining to:

    A Railway transportation (trains, etc.)
    B Sports (boxer, etc.)
    C Art and entertainment (singer, movies, etc.)
    D City transportation (street car, etc.)
    E Shopping (to buy, sales-girl, etc.)
    F Eating (restaurant, fork, bread, etc.)
    G Drinking (water, glass, etc.)
    H Landscape (tree, river, etc.)
    I Social life (invite, etc.)
    J Medical life (sick, physician, etc.)
    K Seafaring (sailor, etc.)
    L Agricultural life (cow, etc.)

M   Hotels and Houses (bathroom, etc.)
N   Clothing (necktie, etc.)
O   Human body (hand, etc.)
P   Colors (green, etc.)
Q   Animals (cat, etc.)
R   Time (evening, in the morning, etc.)

VOCABULARIES

Note

1. Adjectives, adverbs and other words not requiring principal parts are not listed in these vocabularies.
2. If a verb is not listed here it means it is regular (weak).
3. (ſ) after a verb means: This verb uses ſein as a tense auxiliary to form the perfect tenses.
4. Die Frau, =, =en indicates that the principal parts of this noun are: der Frau (Genitive), die Frauen (Nominative Plural). Das Haus, =es, ..=er (sign of umlaut): des Hauſes, die Häuſer.
5. Rufen, ie, u means that the principal parts are: rufen, rief, gerufen.
6. Leſen ie, a, e means: leſen, er lieſt, las, geleſen. The irregular vowel of the present tense will not be set off by a comma like the other vowels.
7. An=kommen, a, o, (ſ) indicates that this verb is a separable compound. The principal parts are: ankommen, kam an, iſt angekommen.
8. Müſſen, ich muß, etc., indicates a change of stem vowel for all persons of the present singular; werden, er wird, that the change is confined to the second and the third person.
9. Some words of foreign derivation are accented to show which syllable must be stressed.
10. Do not forget to learn the adjectives, adverbs, regular (weak) verbs, and idioms of each lesson.

Aufgabe Eins

der Abend, -s -e evening
die Aufgabe, -, -n lesson
aus-sprechen i, a, o pronounce
die Frau, -, -en woman, Mrs.
das Fräulein, -s, - Miss
das Haus, -es, ..-er house
helfen i, a, o help
die Hand, -, ..-e hand
der Herr, -n, -en Mr., gentleman, lord
der Hund, -es, -e dog
der Hut, -es, ..-e hat
die Katze, -, -n cat
kennen, kannte, gekannt know
kommen, a, o, (s) come
das Land, -es, ..-er land
lesen ie, a, e read
das Mädchen, -s, - girl
der Meister, -s, - master, champion
der Mensch, -en, -en man, human being
müssen, ich muß, mußte, gemußt to have to
die Regel, -, -n rule
der Satz, -es, ..-e sentence
die Sprache, -, -n language
sprechen i, a, o speak
das Sprichwort, -s, ..-er proverb
der Tag, -es, -e day
die Tochter, -, ..-er daughter
die Übung, -, -en practice, exercise
vergessen i, a, e forget
verstehen, verstand, verstanden understand
das Wort, -es, ..-er or -e word
die Zeitung, -, -en newspaper

Aufgabe Zwei

der Amerikaner, -s, - American
die Anrede, -, -n address, salutation
der Arzt, -es, ..-e physician
das Auge, -s, -n eye
das Auto, -s, -s automobile
das Beispiel, -s, -e example
(das) Deutschland, -s Germany
der Doktor, -s, -en doctor
der Doktortitel, -s, - title of doctor
die Familie, -, -n family
die Garage, -, -n garage
gehen, ging, gegangen, (s) go
die Großmutter, -, ..- grandmother
der Großvater, -s, ..- grandfather
der Hausarzt, -es, ..-e family doctor
der Junge, -n, -n boy
können, ich kann, konnte, gekonnt to be able to
der Konsul, -s, -n consul
die Kuh, -, ..-e cow
das Leben, -s, - life
der Leutnant, -s, -s lieutenant
der Mann, -es, ..-er man
der Mechaniker, -s, - mechanic
der Morgen, -s, - morning
der Motor, -s, -en motor
die Mutter, -, ..- mother
die Nacht, -, ..-e night
der Pastor, -s, -en pastor
der Patient, -en, -en patient
der Professor, -s, -en professor
der Schluß, -es, ..-e end
der Sohn, -es, ..-e son
die Straße, -e, -n street
die Tankstelle, -, -n filling station
die Tante, -, -n aunt
das Tier, -es, -e animal
der Titel, -s, - title
treffen i, a, o meet, hit
der Vater, -s, ..-er father
verschwinden, a, u, (s) disappear
wieder-sehen ie, a, e see again

[Aufgaben Drei, Vier] VOCABULARIES

wissen, ich weiß, wußte, gewußt know

Aufgabe Drei

der Bauer, -s, -n peasant
die Butter, - butter
die Farbe, -, -n color
finden, a, u find
der Finger, -s, - finger
das Futter, -s fodder
geben i, a, e give
die Geschichte, -, -n story
heißen, ie, ei be called
der Hof, -es, ..-e yard
das Jahr, -es, -e year
der Kaffee, -s coffee
der Käse, -s, - cheese
das Kind, -es, -er child
das Kinderlied, -es, -er song of children
das Mal, -es, -e time
die Milch, - milk
der Milchkaffee, -s milk-coffee
der Mund, -es, ..-er mouth
der Ochse, -n, -n ox
das Rindfleisch, -s beef
sehen ie, a, e see
der Sinn, -es, -e sense, meaning
die Stadt, -, ..-e city
stehen, stand, gestanden stand
das Stück, -es, -e piece
tun, tat, getan do
werden, er wird, wurde, geworden, (s) become

Aufgabe Vier

die Adresse, -, -n address
auf-stehen, stand auf, auf-gestanden, (s) get up
die Aussprache, -, -n pronunciation
das Bad, -es, ..-er bath
das Badezimmer, -s, - bathroom
der Bahnhof, -s, ..-e depot

der Bahnhofsplatz, -es, ..-e depot square
die Bedienung, -, -en service
bekommen, bekam, bekommen receive
der Besitzer, -s, - owner
das Bett, -es, -en bed
der Bleistift, -s, -e pencil
(das) Bremen, -s, Bremen
(das) Bremerhaven, -s Bremerhaven
bringen, brachte, gebracht bring
das Brot, -es, -e bread
das Ei, -s, -er egg
das Ende, -s, -n end
die „Europa", - the "Europe"
fahren ä, u, a, (s) travel, drive, sail
der Fahrer, -s, - driver
fließen, o, o, (s) flow
das Frühstück, -s, -e breakfast
der Frühstückstisch, -es, -e breakfast table
der Garten, -s, ..- garden
das Hotel, -s, -s hotel
die Jahreszeit, -, -en season
der Korridor, -s, -e corridor
die Leberwurst, -, ..-e liver sausage
liegen, a, e lie
die Mark, - mark
der Millionär, -s, -e millionaire
miß-verstehen, mißverstand, mißverstanden misunderstand
mit-kommen, a, o, (s) come along
der Montag, -s, -e Monday
(das) Neu York, -s New York
der Ozean, -s, -e ocean
das Papier, -s, -e paper
der Sack, -es, ..-e sack
schlafen ä, ie, a sleep
schreiben, ie, ie write
die Sorge, -, -n worry, care
das Spaß, -es, ..-e joke
der Stock, -s, -werke floor, story

der Sturm, =es, ..=e storm
die Tasse, =, =n cup
die Taxe, =, =n taxi
der Traum, =es, ..=e dream
die Uhr, =, =en clock, watch
die Unterhaltung, =, =en conversation
waschen ä, u, a wash
das Wasser, =s, = water
wollen, ich will, wollte, gewollt want to
das Zimmer, =s, = room
das Zimmermädchen, =s, = chambermaid
der Zug, =es, ..=e train

Aufgabe Fünf

an=haben, hatte an, angehabt wear
der Anzug, =s, ..=e suit
der Artikel, =s, = article
der Aufsatz, =es, ..=e essay
aus=sehen ie, a, e look
die Autobahn, =, =en auto road
das Autounglück, =s, =e auto accident
der Bandit, =en, =en bandit
das Bein, =s, =e leg
(das) Berlin, =s Berlin
die Birke, =, =n birch
der Buchtitel, =s, = book-title
der Bücherteil, =s, =e book section
der Engländer, =s, = Englishman
erschießen, o, o shoot to death
der Fehler, =s, = fault
das Fenster, =s, = window
die Flanellhose, =, =n flannel trousers
die Folge, =, =n result
gefallen ä, ie, a please
das Geld, =es, =er money
das Geschäft, =s, =e business, shop
der Geschmack, =s taste

das Gesicht, =es, =er face
(das) Göttingen, =s Göttingen
(das) Hannover, =s Hanover
die Hautfarbe, =, =n color of the skin
das Heft, =es, =e notebook
der Herbst, =es, =e fall
(das) Japan, =s Japan
(das) Kalifornien, =s California
der Kommunismus, = communism
der König, =s, =e king
der Kopf, =es, ..=e head
das Kriegsschiff, =s, =e warship
die Lage, =, =n situation
laufen, äu, ie, au, (s) run
die Millionärin, =, =nen millionairess
mögen, ich mag, mochte, gemocht like
die Morgenzeitung, =, =en morning paper
der Nationalsozialismus, = National Socialism
der Osten, =s east
die Polizei, = police
der Rock, =es, ..=e coat
scheinen, ie, ie seem
der Schneider, =s, = tailor
der Schuh, =s, =e shoe
die Schulter, =, =n shoulder
die Sommersonne, =, =n summer sun
das Spiel, =s, =e play, game
der Sportsmann, =s, Sportsleute sportsman
der Sportsteil, =s, =e sport section
der Staat, =es, =en state
sterben i, a, o, (s) die
der Strumpf, =es, ..=e stocking
der Stuhl, =es, ..=e chair
der Teil, =s, =e part
der Tennisschläger, =s, = tennis racket
die Überschrift, =, =en title

die Universität, =, =en university
vergleichen, i, i compare
(das) Washington, =s Washington
die Zahnbürste, =, =n toothbrush
das Zahnpulver, =s, = tooth powder
zurück=müssen, ich muß z., mußte z., zurückgemußt have to go back

Aufgabe Sechs

der Autobus, =es, =e bus
der Beamte, =n, =n official
der Briefumschlag, =es, ..=e envelope
der Buchladen, =s, ..=n book-store
dürfen, ich darf, durfte, gedurft be permitted
die Eiche, =, =n oak
der Einkauf, =s, ..=e purchase
die Entschuldigung, =, =en pardon
die Erklärung, =, =en explanation
fallen ä, ie, a, (s) fall
der Fortschritt, =s, =e progress
die Haltestelle, =, =n stopping place
der Laden, =s, ..= store
die Leute, = people
die Minute, =, =n minute
der Narr, =en, =en fool
das Paket, =es, =e package
der Preis, =es, =e price
die Querstraße, =, =n cross street
die Sache, =, =n thing
schicken send
die Schillerstraße, =, =n Schiller Street
der Schläger, =s, = racket
der Schutzmann, =s, ..=er policeman
Schutzleute policemen

schwimmen, a, o, (s) swim
die Sorge, =, =n care, worry
das Sportgeschäft, =s, =e sportshop
springen, a, u, (s) jump
die Stadtkarte, =, =n city map
die Straßenbahnschiene, =, =n streetcar tracks
der Streich, =es, =e stroke
der Tennisball, =s, ..=e tennis ball
tragen ä, u, a carry, wear
treten, er tritt, trat, getreten (s) step
die Uniform, =, =en uniform
die Verkehrsampel, =, =n traffic light
der Weg, =es, =e way
der Weise, =n, =n wise man
die Woche, =, =n week
die Zeit, =, =en time

Aufgabe Sieben

der Appetit, =s, =e appetite
der Asphalt, =s, =e asphalt
der Baum, =es, ..=e tree
bitten, bat, gebeten ask for
der Brief, =es, =e letter
der Briefkasten, =s, ..= letter box
die Briefmarke, =, =n stamp
das Briefpapier, =s, =e letter-paper
der Briefumschlag, =s, ..=e envelope
bringen, brachte, gebracht bring
die Buttertunke, =, =n butter sauce
der Durst, =es thirst
der Eierkloß, =es, ..=e egg dumpling
die Erdbeere, =, =n strawberry
essen i, a, gegessen eat
die Eßgewohnheit, =, =en eating habit
die Feder, =, =n feather, pen

der Fischgang, =s, ..=e fish course
die Gabel, =, =n fork
der Gang, =es, ..=e course
das Gartenwirtshaus, =es, ..=er garden restaurant
der Geburtstag, =es, =e birthday
das Gemüse vegetable
halten ä, ie, a hold, keep, stop
der Hauptgang, =s, ..=e main course
der Hunger, =s, = hunger
der Kalbsbraten, =s, = veal roast
der Karpfen, =s, = carp
die Kartoffel, =, =n potato
der Kellner, =s, = waiter
der Koch, =es, ..=e cook
der Kunde, =n, =n customer
der Leib, =es, =er body
die Linde, =, =n linden
der Löffel, =s, = spoon
der Magen, s, ..= stomach
das Messer, =s, = knife
das Mittagessen, =s, = lunch
der Ober, =s, = head waiter
das Pech, =s pitch, bad luck
der Pfennig, =s, =e penny
der Platz, =es, ..=e seat, place
rufen, ie, u call
der Schatten, =s, = shadow
die Schlagsahne, =, whipped cream
die Seele, =, =n soul
die Seite, =, =n side, page
sitzen, saß, gesessen sit
der Sommertag, =es, =e summer day
der Sonnabend, =s, =e Saturday
der Spargel, =s, = asparagus
der Spaziergang, =s, ..=e walk
die Speisekarte, =, =n menu
der Spruch, =es, ..=e saying
der Stier, =es, =e bull
die Suppe, =, =n soup
der Teller, =s, = plate
die Tinte, =, =n ink
der Tisch, =es, =e table

trinken, a, u drink
das Trinkgeld, =s, =er tip
der Trunk, =s drink
verderben i, a, o spoil
verlieren, o, o lose
weg=bleiben, ie, ie, (s)stay away
werfen i, a, o throw
das Wetter, =s, = weather
wieder=geben i, a, e give back
der Wunsch, =es, ..=e wish

Aufgabe Acht

der Aal, =s, =e eel
das Abendessen, =s, = evening meal
die Arbeit, =, =en work
das Ausland, =s, ..=er foreign land
die Auster, =, =n oyster
behalten ä, ie, a keep
das Bier, =es, =e beer
die Blutwurst, =, ..=e blood sausage
braten ät, ie, a roast, fry
das Butterbrot, =es, =e bread and butter
das Delikatessengeschäft, =s, =e delicatessen shop
das Ding, =s, =e thing
die Eigentümlichkeit, =, =en peculiarity
die Ernährung, = eating
der Exportartikel, =s, = article of export
der Fluß, =es, ..=e river
die Forelle, =, =n trout
die Gabe, =, =n gift
die Gans, =, ..=e goose
das Geflügel, =s fowl
das Glas, =es, ..=er glass
der Gott, =es, ..=er God
der Hase, =n, =n hare
die Hauptbrotart, =, =en main kind of bread
die Hauptmahlzeit, =, =en main meal

[Aufgabe Neun] VOCABULARIES 83

der Hummer, =s, = lobster
die Jagdzeit, =, =en hunting season
die Küche, =, =n kitchen, the cooking
der Kuchen, =s, = cake
die Maus, =, ..=e mouse
das Mehl, =s flour
mit=nehmen, er nimmt mit, nahm mit, mitgenommen take along
der Mittag, =s, =e noon
die Morgenwäsche, = morning wash
nennen, nannte, genannt name
die Obstsuppe, =, =n fruit soup
das Plätzchen, =s, = cookie
das Reh, =s, =e deer
der Rehbraten, =s, = venison
das Roggenbrot, =es, =e rye bread
der Römer, =s, = Roman
das Sauerkraut, =s sauerkraut
die Scheibe, =, =n slice
der Schinken, =s, = ham
schneiden, schnitt, geschnitten cut
das Schwarzbrot, =es, =e black bread
der Schweinsfuß, =es, ..=e pigfeet
der See, =s, =n lake
der Sommer, =s, = summer
die Speise, =, =n food
der Teich, =es, =e pond
der Unsinn, =s nonsense
der Unterschied, =s, =e difference
(die) Weihnachten, = Christmas
das Weißbrot, =es, =e white bread
das Wild, =es game
das Wirtshaus, =es, ..=er inn
die Wurst, =, ..=e sausage

Aufgabe Neun

die Abwechslung, =, =en change
an=fangen ä, i, a begin
an=sehen ie, a, e look at
die Antike, = antiquity
der Apfelkuchen, =s, = apple cake
die Aprikosentorte, =, =n apricot tart
auf=geben i, a, e give up
der Bäcker, =s, = baker
die Bäckerei, =, =en bakery
die Backware, =, =n baked goods
bedenken, bedachte, bedacht consider
der Besucher, =s, = visitor
der Bierbauch, =s, ..=e beer belly
bieten, o, o offer
bleiben, ie, ie, (s) stay
das Café, =s, =s cafe
ein=treten, er tritt ein, trat ein, eingetreten, (s) enter
entscheiden, ie, ie decide
das Fest, =es, =e festival
der Gast, =es, ..=e guest
das Gesetzbuch, =es, ..=er law book
die Herrlichkeit, =, =en glory
die Kapelle, =, =n band
der Käsekuchen, =s, = cheese cake
das Kochbuch, =s, ..=er cookbook
der Konditor, =s, =en confectioner
die Konditorei, =, =en confectionery shop
der Kreis, =es, =e circle
das Lesebuch, =s, ..=er reader (book)
der Leser, =s, = reader
das Mädel, =s, = girl
die Marzipantorte, =, =n marchpane tart
die Mosel, = Moselle
der Moselwein, =s, =e Moselle wine
die Nase, =, =n nose
der Pflaumenkuchen, =s, = plum cake
die Qual, =, =en torture
der Rhein, =s Rhine

der **Rheinwein**, -s, -e Rhine wine
die **Rolle**, -, -n part
der **Säufer**, -s, - drunkard
das **Schaufenster**, -s, - show window
die **Schokoladentorte**, -, -n chocolate tart
die **Sitte**, -, -n custom
der **Specknacken**, -s, - fat neck
stehen, stand, gestanden stand
die **Straßenecke**, -, -n street corner
die **Stunde**, -, -n hour
die **Süßigkeit**, -, -en sweets, candy
die **Tanzmusik**, -, -en dance music
die **Torte**, -, -n tart
der **Typ**, -s, -en type
das **Ufer**, -s, - bank
vor-kommen, a, o, (s) occur
das **Vorurteil**, -s, -e prejudice
wachsen ä, u, a, (s) grow
die **Wahl**, -, -en choice
der **Walzer**, -s, - waltz
der **Wein**, -s, -e wine
(das) **Wien**, -s Vienna
das **Witzblatt**, -s, ..-er funny sheet
die **Zeitschrift**, -, -en magazine

Aufgabe Elf

ab-fahren ä, u, a, (s) depart
die **Abfahrt**, -, -en departure
die **Abfahrtszeit**, -, -en time of departure
das **Abteil**, -s, -e compartment
an-kommen, a, o, (s) arrive
an-nehmen, er nimmt an, nahm an, angenommen accept
auf-schreiben, ie, ie write down
der **Ausdruck**, -s, ..-e expression
aus-steigen, ie, ie, (s) get off
die **Bahn**, -, -en railway
der **Bahnsteig**, -s, -e platform

die **Bedingung**, -, -en condition
(das) **Berlin**, -s Berlin
binden, a, u bind
brechen i, a, o break
brennen, brannte, gebrannt burn
die **Dame**, -, -n lady
die **Decke**, -, -n ceiling
denken, dachte, gedacht think
der **Eingang**, -s, ..-e entrance
ein-laden ä, u, a invite
die **Einladung**, -, -en invitation
ein-steigen, ie, ie, (s) get on
der **Eisenbahnwagen**, -s, - railway carriage
erfahren ä, u, a find out, learn
erhalten ä, ie, a receive
der **Fahrkartenschalter**, -s, - ticket window
die **Freude**, -, -n joy
der **Freund**, -es, -e friend
das **Gegenüber**, -s, - vis-a-vis
die **Gelegenheit**, -, -en occasion
das **Gespräch**, -s, -e conversation
(das) **Hamburg**, -s Hamburg
das **Handgepäck**, -s hand baggage
(das) **Hannover**, -s Hanover
der **Koffer**, -s, - suitcase
das **Lächeln**, -s, - smile
die **Pfeife**, -, -n pipe
der **Plan**, -s, ..-e plan
der **Puder**, -s, - powder
der **Raucher**, -s, - smoker
die **Rauchwolke**, -, -n cloud of smoke
die **Reise**, -, -n journey
das **Reisebüro**, -s, -s travel bureau
die **Richtung**, -, -en direction
der **Sitzplatz**, -es, ..-e seat
der **Speisewagen**, -s, - dining car
steigen, ie, ie, (s) climb, rise
die **Tafel**, -, -n board
die **Tasche**, -, -n pocket

[Aufgaben Zwölf, Dreizehn] VOCABULARIES

das Taschentuch, -s, ..-er pocket-handkerchief
treten, er tritt, trat, getreten, (s) step
das Universitätsgebäude, -s, - university building
versprechen i, a, o promise
die Welle, -, -n wave
das Wörterbuch, -s, ..-er dictionary
das Zeichen, -s, - sign

Aufgabe Zwölf

an-ziehen, zog an, angezogen dress
der Banknachbar, -s, -n bench-neighbor
die Brusttasche, -, -en breast-pocket
die Bude, -, -n booth, hang-out
das Denkmal, -s, ..-er monument
die Eltern, - parents
der Engländer, -s, - Englishman
der Ferienkurs, -es, -e summer session
die Formalität, -, -en formality
der Freitag, -s, -e Friday
die Freundin, -, -nen girl friend
Friedrich, -s Frederick
das Haar, -es, -e hair
die Hauptstraße, -, -n main street
heraus-ziehen, zog heraus, herausgezogen pull out
der Hörsaal, -s, -säle lecture room
das Jahrhundert, -s, -e century
der Kanadier, -s, - Canadian
der Knoten, -s, - knot
das Licht, -es, -er light
die Literatur, -, -en literature
die Luft, -, ..-e air
der Norden, -s north
der Scheitel, -s, - parting of hair

der Schlips, -es, e necktie
der Schritt, -es, -e step
der Schuhputzer, -s, - bootblack
der Taschenkamm, -s, ..-e pocket comb
überspringen, a, u skip
die Untergrundbahn, -, -en subway
die Verabredung, -, -en date, appointment
verlassen ä, ie, a leave
die Vorlesung, -, -en university lecture
der Wind, -es, -e wind
die Wirtin, -, -nen landlady
ziehen, zog, gezogen pull

Aufgabe Dreizehn

die Antwort, -, -en answer
begießen, o, o water
beginnen, a, o begin
das Beiprogramm, -s, -e added attractions
der Berg, -es, -e mountain
die Dauerwelle, -, -n permanent
die Dichtungsart, -, -en kind of poetry
der Einwohner, -s, - inhabitant
das Ende, -es, -en end
der Film, -s, -e film, moving picture
das Filmkunstwerk, -s, -e artistic movie
der Filmschauspieler, -s, - movie actor
die Fliegerbombe, -, -n air bomb
die Form, -, -en form
der Frühling, -s, -e spring
das Gedicht, -es, -e poem
der Germane, -n, -n Teuton
geschehen ie, a, e, (s) happen
der Hauptfilm, -s, -e main feature
die Heimat, - home (native place)

die Jugend, = youth
das Kino, =s, =s movies
klingen, a, u ring, sound
die Kunst, =, ..=e art
lassen ä, =ie, a leave
der Liebling, =s, =e darling
(das) Madrid, =s Madrid
die Maid, =, maid, virgin
das Meer, =es, =e sea
die Menge, =, =n crowd
die Menschenmenge, =, =n crowd of people
mit=bringen, brachte mit, mit= gebracht bring along
das Nachtlokal, =s, =e night club
der Niederschlag, =es, ..=e knock down
die Nummer, =, =n number
(das) Nürnberg, =s Nuremberg
die Oper, =, =n opera
das Paar, =es, =e couple, pair
der Parteitag, =s, =e party day
der Pförtner, =s, = doorkeeper
die Presse, =, =n press
das Programm, =s, =e program
das Rätsel, =s, = riddle
die Rede, =, =n speech
der Regen, =s, = rain
der Reichsführer, =s, = realm leader
das Reklamebild, =es, =er advertising picture
die Runde, =, =n round
der Schauspieler, =s, = actor
schmelzen i, o, o (s) melt
der Schnee, =s snow
der Sieg, =es, =e victory
die Sommerferien, = summer vacation
die Sonne, =, =n sun
das Theater, =s, = theater
die Tür, =, =en door
der Ufapalast, =s, ..=e Ufa palace
das Viertel, =s, = quarter
der Vogel, =s, ..= bird
die Vorstellung, =, =en performance
die Wasserwelle, =, =n finger wave
die Welt, =, =en world
die Wochenschau, = news of the week
die Zeitlupe, =, =n slow motion
der Zeppelin, =s, =e Zeppelin
der Zoo, =s, =s zoo

Aufgabe Vierzehn

der Begriff, =es, =e concept, idea
der Bekannte, =n, =n acquaintance
der Denker, =s, = thinker
der Dichter, =s, = poet
der Dienstag, =s, =e Tuesday
die Faltbootfahrt, =, =en excursion in collapsible boat
das Gebiet, =es, =e field
die Generation, =, =en generation
die Gesundheit, = health
das Grammophon, =s, =e victrola
die Gruppe, =, =n group
die Kraft, =, ..=e strength
der Kunsttanz, =es, ..=e interpretive dancing
die Leistung, =, =en achievement
das Milchgesicht, =s, =er milk face
die Natur, =, =en nature
der Philister, =s, = Philistine
der Ringer, =s, = wrestler
der Ringkampf, =s, ..=e wrestling match
der Schlitten, =s, = sledge
der Schlittschuh, =s, =e skates
die Schönheit, =, =en beauty
der Ski, =s, =er ski
der Sonderzug, =es, ..=e special train

[Aufgabe Fünfzehn] VOCABULARIES 87

der Sonntag, -s, -e Sunday
der Sport, -s sport
der Sportpalast, -s, ..-e sport
   palace
das Sportvolf, -s, ..-er sport
   nation
die Spree, - Spree
der Stubenhocker, -s, - stay-at-
   home
der Tanzabend, -s, -e evening
   of dancing
die Tiefe, -, -n depth
vergehen, verging, vergangen, (s)
   pass, fade out
das Vergnügen, -s, - pleasure,
   amusement
das Volk, -es, ..-er nation
vor-haben, hatte vor, vorgehabt
   plan
der Weltkrieg, -s, -e World
   War
der Winter, -s, - winter
das Wochenende, -s week-end
die Zukunft, - future

Aufgabe Fünfzehn

der Abschied, -s, -e farewell
die Anatomie, - anatomy
die Angabe, -, -n service
   (in tennis)
der Aufenthalt, -s, -e stay
der Aufschläger, -s, - server
der Ball, -s, ..-e ball
beschreiben, ie, ie describe
die Beschreibung, -, -en descrip-
   tion
der Charakter, -s, -e character
das Dasein, -s existence
der Durchmesser, -s, - diameter
der Einstand, -s deuce
der Freitag, -s, -e Friday
der Gegner, -s, - opponent

gewinnen, a, o win
die Grundlinie, -, -n back-line,
   base-line
die Gummikugel, -, -n rubber
   sphere
hangen ä, i, a hang
das Herz, -ens, en heart
das Komma, -s, -s comma
die Lust, -, ..-e joy
der Mediziner, -s, - medical
   student
das Metallkabel, -s, - metal
   cable
das (der) Meter, -s, - meter
das (der) Millimeter, -s, -
   millimeter
die Mitte, -, -n middle
die Mittellinie, -, -n center-line
das Netz, -es, -e net
der Netzball, -s, ..-e tennis
das Ohr, -es, -en ear
der Punkt, -es, -e point
das Rechteck, -s, -e rectangle
der Satz, -es, ..-e set
der Schläger, -s, - racket
die Schulter, -, -n shoulder
die Seitenlinie, -, -n side-line
der Sommernachmittag, -s, -e
   summer afternoon
das Spiel, -s, -e game
das Spielfeld, -es, -er playing
   field
der Sportsverein, -s, -e sport
   club
der Strick, -es, -e rope
die Stube, -, -n room
das Tennis, - tennis
der Tennisplatz, -es, ..-e tennis
   court
die Treppe, -, -n stairs
der Vorteil, -s, -e advantage
zurück-schlagen ä, u, a return
   (tennis ball)

www.ingramcontent.com/pod-product-compliance
Lightning Source LLC
Chambersburg PA
CBHW020753230426
43665CB00009B/583